小学館学習まんがシリーズ

名探偵コナン　実験・観察ファイル

サイエンスコナン

SCIENCE CONAN

名《めい》探《たん》偵《てい》の不《ふ》思《し》議《ぎ》

原作／青山剛昌
監修／ガリレオ工房
まんが／金井正幸　構成／松阿彌靖

みなさんへ――この本《ほん》のねらい

コナンとともに科学《かがく》と推理《すいり》を楽《たの》しもう！

みなさん、こんにちは。これから、名探偵《めいたんてい》コナンと一緒《いっしょ》に科学《かがく》を楽《たの》しんでいきましょう。

今回《こんかい》は、探偵《たんてい》の基本的《きほんてき》な知識《ちしき》や技術《ぎじゅつ》をコナンと学《まな》んでいきます。探偵《たんてい》が事件現場《じけんげんば》に残《のこ》された手《て》がかりから犯人《はんにん》を推理《すいり》していく方法《ほうほう》は、科学者《かがくしゃ》が「不思議《ふしぎ》だな」と思《おも》った現象《げんしょう》から、自然《しぜん》の奥深《おくぶか》い謎《なぞ》を解《と》き明《あ》かしていく方法《ほうほう》と基本的《きほんてき》には同《おな》じです。

といっても、この本《ほん》は、実際《じっさい》には読《よ》み始《はじ》めると「事件《じけん》」がおき、コナンや、ほかの登場人物《とうじょうじんぶつ》がその事件《じけん》の解決《かいけつ》に

向けていろいろな方法を駆使していくので、それをまずは一緒《いっしょ》に楽《たの》しんでください。このストーリーそのものに、探《たん》偵《てい》の基本《きほん》がたくさん入《はい》っているからです。

そのうえで、もう一度《いちど》最初《さいしょ》から本《ほん》を読《よ》み直《なお》してみましょう。本文《ほんぶん》の中《なか》だけでなく、たくさんの探偵《たんてい》の知識《ちしき》や技術《ぎじゅつ》が、家庭《かてい》でできる科学実験《かがくじっけん》と一緒《いっしょ》に紹介《しょうかい》されています。どこからでも、まずは試《ため》してみてください。

強《つよ》い好奇心《こうきしん》、行動《こうどう》しようとする積極性《せっきょくせい》、もし失敗《しっぱい》してもすぐにあきらめないで、どこに失敗《しっぱい》の原因《げんいん》があるかをよく考《かんが》える姿勢《しせい》、何度《なんど》も挑戦《ちょうせん》する粘《ねば》り強《づよ》さ、ちがった角度《かくど》でもう一度《いちど》見直《みなお》してみる視野《しや》の広《ひろ》さ――これらのことを、楽《たの》しみながら自分《じぶん》のものにしていってください。

探偵《たんてい》に必要《ひつよう》なだけでなく、新《あたら》しい時代《じだい》に必要《ひつよう》な科学的《かがくてき》な知識《ちしき》と考《かんが》え方《かた》をコナンと一緒《いっしょ》に見《み》つけましょう。

サイエンスコナン もくじ 名《めい》探《たん》偵《てい》の不《ふ》思《し》議《ぎ》

みなさんへ——この本《ほん》のねらい—— 2

名探偵《めいたんてい》コナン　学習《がくしゅう》まんがシリーズのお知《し》らせ 190

FILE《ファイル》. 1
少年探偵団《しょうねんたんていだん》にライバル出現《しゅつげん》!? 8

新聞《しんぶん》で話題《わだい》の「少年科学探偵団《しょうねんかがくたんていだん》」に出会《であ》った元太《げんた》と光彦《みつひこ》。名前《なまえ》の通《とお》り、科学《かがく》の知識《ちしき》をいかした捜査《そうさ》が得意《とくい》なようだが、そもそも科学捜査《かがくそうさ》ってどんなことをするんだろう？

FILE. 2
コップに浮《う》かびあがる指紋《しもん》 24

すぐれた探偵《たんてい》の条件《じょうけん》は「常識《じょうしき》を疑《うたが》ってかかること」と「五感《ごかん》を働《はたら》かせること」。キミもコナンと一緒《いっしょ》に、探偵《たんてい》テクニックをみがこう！

コナンと実験！ アイシャドウで指紋《しもん》を検出《けんしゅつ》 36

コナンと実験！ コーヒー&ミルクの観察《かんさつ》 39

FILE. 3

現場《げんば》の足《あし》あとから真犯人《しんはんにん》を探《さが》せ！ 40

偶然通《ぐうぜんとお》りかかった公園《こうえん》で起《お》きたもめ事《ごと》。コナンは、セメントに残《のこ》された動物《どうぶつ》の足《あし》あとを観察《かんさつ》することが大切《たいせつ》だと言《い》うけれど……。はたして元太《げんた》たちは、もめ事《ごと》を解決《かいけつ》できるのだろうか!?

キミも実験《じっけん》！ 犯人《はんにん》の足《あし》あとを追《お》え！ 52

FILE. 4

探偵《たんてい》オリンピック開幕《かいまく》！ 58

「アマチュア探偵《たんてい》オリンピック」に出場《しゅつじょう》することになったコナンたち。まずは予選問題《よせんもんだい》に挑戦《ちょうせん》だ！キミも、コナンと一緒《いっしょ》に正解《せいかい》を考《かんが》えてみよう!!

コナンと実験！ ペーパークロマトグラフィ 74

コナンと実験！ 真実《しんじつ》を照《て》らすブラックライト 76

FILE. 5

はいきよビルからの脱出《だっしゅつ》!! 78

準決勝《じゅんけっしょう》に進出《しんしゅつ》したコナンたちに出題《しゅつだい》されたのは、予選問題《よせんもんだい》をはるかに上回《うわまわ》る難問《なんもん》。キミの頭脳《ずのう》は、この謎《なぞ》を解《と》くことができるか!?

コナンと実験！ 紙《かみ》コップの踏《ふ》み台《だい》で脱出《だっしゅつ》！ 90

キミも実験《じっけん》！ 長《なが》さと強《つよ》さの不思議《ふしぎ》な関係《かんけい》 92

キミも実験《じっけん》！ ぺらぺらな紙《かみ》がじょうぶな橋《はし》に変身《へんしん》！ 94

FILE. 6

毒殺《どくさつ》トリックの謎《なぞ》を解《と》け！ 96

ライバルの少年科学探偵団《しょうねんかがくたんていだん》も準決勝《じゅんけっしょう》に進出《しんしゅつ》！
コナンでさえ頭《あたま》をひねる超難問《ちょうなんもん》をいともかんたんに
解《と》いてみせたライバルチームの実力《じつりょく》はあなどれないぞ！

コナンと実験！ 殺《ころ》し屋《や》Aの毒殺《どくさつ》トリックをあばけ！ 110

FILE. 7

五線譜《ごせんふ》に残《のこ》された謎《なぞ》の旋律《せんりつ》 112

探偵《たんてい》オリンピックのステージでミニコンサートを行《おこな》うことが
予定《よてい》されていた世界的《せかいてき》ピアニスト、坂本秀一《さかもとしゅういち》さんが行方不明《ゆくえふめい》に！
残《のこ》されていた五線譜《ごせんふ》に、何《なに》かヒントが隠《かく》されていそうだが……？

コナンと実験！ 声紋《せいもん》の観察《かんさつ》にチャレンジ！ 128

キミも実験！ おしゃべりコップでアイ・ラブ・ユー 132

FILE. 8

五線譜《ごせんふ》に残《のこ》された謎《なぞ》の旋律《せんりつ》2 134

五線譜《ごせんふ》に残《のこ》された謎《なぞ》の旋律《せんりつ》と歌詞《かし》を手《て》がかりに、坂本《さかもと》さんの
行方《ゆくえ》を追《お》うコナンたち。五線譜《ごせんふ》の謎《なぞ》を最初《さいしょ》に解《と》くのはコナンたちか、
少年科学探偵団《しょうねんかがくたんていだん》か、それともキミか!?

コナンと実験！ めざせ！暗号《あんごう》マスター① 148

コナンと実験！ めざせ！暗号《あんごう》マスター② 149

FILE. 9

米《べい》花《か》ふ頭《とう》へ急行《きゅうこう》せよ!! 150

坂本《さかもと》さんを救《すく》うため、米花《べいか》ふ頭《とう》へやってきた少年探偵団《しょうねんたんていだん》と少年科学探偵団《しょうねんかがくたんていだん》。しかしそこで、思《おも》いもしない絶体絶命《ぜったいぜつめい》の危機《きき》が!! そんなコナンたちの様子《ようす》をかげから監視《かんし》する謎《なぞ》の男《おとこ》たちの正体《しょうたい》は!?

コナンと実験！ めざせ！暗号《あんごう》マスター③ 162

キミも実験！ 探偵《たんてい》グッズで友《とも》だちに「SOS」! 166

FILE. 10

ゆうかい事件《じけん》の真相《しんそう》 168

坂本《さかもと》さんをゆうかいした犯人一味《はんにんいちみ》の隠《かく》れ家《が》をついに発見《はっけん》した少年探偵《しょうねんたんてい》たち。そこで彼《かれ》らを待《ま》ちかまえていたおどろきの真実《しんじつ》とは!? キミも事件《じけん》の真犯人《しんはんにん》を推理《すいり》してみよう!!

コナンと実験！ 聞《き》き耳《みみ》を立《た》てて謎《なぞ》を探《さぐ》れ！ 184

めざせ！名探偵《めいたんてい》

科学捜査《かがくそうさ》ってどんなことをするの？ 20

日本人《にほんじん》の指紋《しもん》 38

ペット探偵《たんてい》の観察《かんさつ》テクニック 54

モールス信号《しんごう》の仕組《しく》み 164

物語《ものがたり》に登場《とうじょう》した探偵《たんてい》たち 186

FILE《ファイル》 1

少年探偵団《しょうねんたんていだん》にライバル出現《しゅつげん》!?

日直《にっちょく》の仕事《しごと》で、朝早《あさはや》く登校《とうこう》した元太《げんた》と光彦《みつひこ》。ところが元太《げんた》は、日直《にっちょく》の仕事《しごと》そっちのけで小学生《しょうがくせい》向《む》けの新聞《しんぶん》を読《よ》みふけっている様子《ようす》。はたして記事《きじ》の内容《ないよう》は？

F1-1

元太《げんた》くんも日直《にっちょく》なんだから手伝《てつだ》ってくださいよ。
円谷光彦《つぶらやみつひこ》
帝丹小学校《ていたんしょうがっこう》のクールな一年生《ねんせい》。いろいろなことをよく知《し》っているが、コナンの頭脳《ずのう》にはかなわない。
いいからこの記事《きじ》、読《よ》んでみろって。
小嶋元太《こじまげんた》
帝丹小学校《ていたんしょうがっこう》の一年生《ねんせい》。コナンと同《おな》じクラスで、歩美《あゆみ》、光彦《みつひこ》と少年探偵団《しょうねんたんていだん》を作《つく》る。食《く》いしん坊《ぼう》な男《おとこ》の子《こ》だ。
F1-2
おはよー!!
ガラッ
吉田歩美《よしだあゆみ》
帝丹小学校《ていたんしょうがっこう》に通《かよ》うコナンの同級生《どうきゅうせい》。いつも明《あか》るく元気《げんき》な女《おんな》の子《こ》で、実《じつ》はコナンのことがとっても好《す》き。
灰原 哀《はいばらあい》
黒《くろ》の組織《そしき》の仲間《なかま》だったが、裏切《うらぎ》って、コナンと同《おな》じ謎《なぞ》の薬《くすり》で小学生《しょうがくせい》に……。今《いま》は阿笠博士《あがさはかせ》の家《いえ》に住《す》んでいる。
元太《げんた》くん、また日直《にっちょく》の仕事《しごと》さぼってんの?
そんなんじゃねーよ。

ふーん。小若小学校《こじゃくしょうがっこう》の少年科学探偵団《しょうねんかがくたんていだん》がお手《て》がら……。
へー。
ぼくたちのほかにも、少年探偵団《しょうねんたんていだん》がいるんですね。
「原因不明《げんいんふめい》の火事《かじ》の真相《しんそう》を解明《かいめい》」ですって。
それって例《れい》の猫屋敷《ねこやしき》がらみの火事《かじ》のことですか?
そうそう。
確《たし》か、猫屋敷《ねこやしき》の周《まわ》りの家《いえ》でボヤが連続発生《れんぞくはっせい》してたのよね。
でも、出火《しゅっか》の原因《げんいん》が分《わ》からなくて……。
黒猫《くろねこ》のたたりだったりして……。
いやだ〜。
その火事《かじ》の原因《げんいん》をこいつらが突《つ》き止《と》めたんだってよ。
F1-3

F1-4

※怪盗赤《かいとうあか》メガネの事件《じけん》については、『サイエンスコナン／レンズの不思議《ふしぎ》』を読《よ》んでね！

放課後《ほうかご》。
コナンくん、今日《きょう》はお休《やす》みだったね。
明日《あした》、みんなでお見舞《みま》いに行《い》こーよ。
そうね。
ん？
ワイワイ
ザワザワ
なんだ、あの人《ひと》だかりは？
さあ？
ここってボヤさわぎがあった家《いえ》よ。
例《れい》の猫屋敷《ねこやしき》がらみの……。
よーし、ちょっとのぞいてみよーぜっ。
ちょ、ちょっと元太《げんた》くん。
もう、なんでぼくがこんなことを……。
トホホ

F1-5

テレビの前《まえ》のみなさん、こんにちは。
今日《きょう》のニュースは、米花市《べいかし》の連続《れんぞく》ボヤ事件《じけん》を取《と》り上《あ》げます。
ひょこっ
ひょこっ
だれだ、あの3人組《にんぐみ》は?
ほら、今朝《けさ》の新聞《しんぶん》の……。
バババン
こちらが事件《じけん》の謎《なぞ》を解明《かいめい》した――
小若小学校《こじゃくしょうがっこう》の少年科学探偵団《しょうねんかがくたんていだん》です!!

今回《こんかい》はお手《て》がらでしたね。
フッ
こんなのたいしたことありませんよ。
鉄脇《てつわき》 徹《とおる》
小若小学校《こじゃくしょうがっこう》に通《かよ》う小学六年生《しょうがくろくねんせい》で、父親《ちちおや》は警察《けいさつ》の鑑識課員《かんしきかいん》。足《あし》が不自由《ふじゆう》なため、車《くるま》イスで移《い》動《どう》する少年科学探偵団《しょうねんかがくたんていだん》のリーダー。
この辺《へん》は猫屋敷《ねこやしき》のせいでノラ猫《ねこ》が多《おお》いから……
鈴木《すずき》ふらん
小若小学校《こじゃくしょうがっこう》・少年科学探偵団《しょうねんかがくたんていだん》の紅《こう》一点《いってん》。リーダーの鉄脇徹《てつわきとおる》とは幼《おさな》じみで、パソコンが得意《とくい》。
猫《ねこ》よけのペットボトルを置《お》く家《いえ》がとても多《おお》いんですよね。
それに、この町内《ちょうない》では新聞《しんぶん》の配達店《はいたつてん》が古新聞《ふるしんぶん》を回収《かいしゅう》してくれるから——
マーク山河《さんが》
小若小学校《こじゃくしょうがっこう》・少年科学探偵団《しょうねんかがくたんていだん》のメンバー。日本人《にっぽんじん》とアフリカ系米国《けいべいこく》人《じん》のハーフで、鉄脇徹《てつわきとおる》とは親友《しんゆう》。
古新聞《ふるしんぶん》の束《たば》を玄関先《げんかんさき》に出《だ》しておく家《いえ》が多《おお》いんだ。

F1-7

古新聞《ふるしんぶん》の束《たば》の横《よこ》に 水《みず》が入《はい》った ペットボトル……
これに晴《は》れた日《ひ》の日差《ひざ》し という条件《じょうけん》が加《くわ》わると……
結果《けっか》はそれこそ 火《ひ》を見《み》るよりも明《あき》らか。
あっ！
古新聞《ふるしんぶん》から けむりが！
父《ちち》が警察《けいさつ》の鑑識課員《かんしきかいん》なので、科学捜査《かがくそうさ》のイロハを たたきこまれてますからね。
リーダーにとって このていどの謎《なぞ》は、事件《じけん》のうちに 入《はい》らないんですよ。

F1-8

カンシキ？
なあ、カンシキってなんだ？
ま、カンタンに言《い》うと現場検証《げんばけんしょう》する係《かかり》の刑事《けいじ》さんたちってことですよ。

警視庁《けいしちょう》の場合《ばあい》だと、刑事部《けいじぶ》の中《なか》は――

警視庁刑事部《けいしちょうけいじぶ》

- 捜査第一課《そうさだいいっか》（殺人事件《さつじんじけん》など）
- 捜査第二課《そうさだいにか》（サギ事件《じけん》など）
- 捜査第三課《そうさだいさんか》（空《あ》き巣事件《すじけん》など）
- 鑑識課《かんしきか》（現場検証《げんばけんしょう》など）

などの部署《ぶしょ》がある。

それぞれが担当《たんとう》する役割《やくわり》によって、こんなふうに分《わ》かれているんです。

F1-9

鑑識課《かんしきか》の役割《やくわり》は、事件現場《じけんげんば》の写真《しゃしん》を撮《と》ったり、指紋《しもん》を採取《さいしゅ》したり――
現場《げんば》に残《のこ》された手《て》がかりを科学的《かがくてき》に分析《ぶんせき》して真犯人《しんはんにん》につながる証拠《しょうこ》を探《さが》していくんですよ。
なるほどね。

ところでキミたちはなんで少年《しょうねん》科学《かがく》探偵団《たんていだん》を結成《けっせい》したの？
徹《とおる》は2年前《ねんまえ》、飲酒運転《いんしゅうんてん》の車《くるま》にひき逃《に》げされて――
その時《とき》のケガのせいで、今《いま》もこうして車《くるま》イスに乗《の》ってるんだけど……。
でも、
リーダーのお父《とう》さんが中心《ちゅうしん》となって、タイヤのあとやヘッドライトの破片《はへん》から、逃《に》げた車《くるま》を特定《とくてい》して――
すると、
見事《みごと》犯人《はんにん》を逮捕《たいほ》することができたんですよ。
その時《とき》の経験《けいけん》がきっかけで？
ええ。
2人《ふたり》とも父《ちち》のような仕事《しごと》がしたいということで、チームを組《く》むことになったんです。

F1-10

それでは最後《さいご》に、今後《こんご》の目標《もくひょう》は？
そうですね……。
最近《さいきん》見《み》かけない高校生探偵《こうこうせいたんてい》、工藤新一《くどうしんいち》に代《か》わって、日本一《にっぽんいち》の小学生探偵《しょうがくせいたんてい》になるつもりです。
F1-11
——と将来《しょうらい》の夢《ゆめ》を語《かた》ってくれた少年科学探偵団《しょうねんかがくたんていだん》でした！
はい、OK《オーケー》です。
取材協力《しゅざいきょうりょく》ありがとう。
夢《ゆめ》を語《かた》ったつもりはないんだけどな……。
ああ。
おれたち、もうすぐ日本一《にっぽんいち》になるんだもんな。
よお。
今朝《けさ》の新聞《しんぶん》に出《で》てた人《ひと》たちだろ？
おれたち、帝丹小《ていたんしょう》の少年探偵団《しょうねんたんていだん》！よろしくな。
帝丹小《ていたんしょう》？知《し》ってる？

ぼくたちも数《かず》かずの難事件《なんじけん》を解決《かいけつ》してきましたからね。
おたがいに協力《きょうりょく》すれば、もっとすごい事件《じけん》も……。
ちょっと待《ま》った。
キミたちの探偵《たんてい》ごっこと同《おな》じにしてもらっちゃ困《こま》るんだ。
むっ
例《たと》えば、私《わたし》たちは今《いま》、身近《みぢか》な道具《どうぐ》でできる指紋検出法《しもんけんしゅつほう》に取《と》り組《く》んでいるの。
どうすればそういうことができるか、キミたちに分《わ》かる?
……。
う……くっ。
F1-12
ま、レベルがちがうってことさ。行《い》こう、マーク。
OK
それじゃーね。
なんかヤな感《かん》じ〜。
あんな人《ひと》たちに負《ま》けられませんよ。
クソー。

科学捜査《かがくそうさ》ってどんなことをするの？

鑑識課員《かんしきかいん》や、警視庁《けいしちょう》科学捜査研究所《かがくそうさけんきゅうじょ》の仕事《しごと》を紹介《しょうかい》するよ！

↑事件《じけん》が発生《はっせい》すると、鑑識課員《かんしきかいん》たちは直《ただ》ちに事件現場《じけんげんば》へ急行《きゅうこう》する。そこで集《あつ》められた資料《しりょう》は事件解決《じけんかいけつ》の手《て》がかりになるため、根気《こんき》よく作業《さぎょう》する必要《ひつよう》がある。

年《ねん》々《ねん》複雑《ふくざつ》になっていく犯罪《はんざい》の手口《てぐち》。それにともない、事件《じけん》の解決《かいけつ》には科学的捜査《かがくてきそうさ》が欠《か》かせないものとなっている。マンガの中《なか》で光彦《みつひこ》が説明《せつめい》していたように、警視庁《けいしちょう》刑事部《けいじぶ》の中《なか》には、この科学的捜査《かがくてきそうさ》を行《おこな》う部署《ぶしょ》のひとつとして「鑑識課《かんしきか》」があるんだ。

鑑識課員《かんしきかいん》の仕事《しごと》は、まず、だれよりも早《はや》く事件現場《じけんげんば》にかけつけて、事件《じけん》が起《お》きたそのままの様子《ようす》を写真《しゃしん》に撮《と》ること。さらに、事件現場《じけんげんば》に残《のこ》された指紋《しもん》などを集《あつ》め、それが犯人《はんにん》のものかどうかを調《しら》べることだ。

その後《ご》、殺人事件《さつじんじけん》なら捜査第一課《そうさだいいっか》、空《あ》き巣《す》事件《じけん》なら捜査第三課《そうさだいさんか》と、それぞれ別《べつ》の係《かかり》の刑事《けいじ》たちが捜査《そうさ》を進《すす》めていく。だけど、まずはなるべく事件《じけん》が起《お》きた状態《じょうたい》のまま、すばやく事件現場《じけんげんば》を記録《きろく》し、犯人《はんにん》が残《のこ》していった手《て》がかりを見《み》つけることが大切《たいせつ》なんだね。

→「鼻《はな》の捜査官《そうさかん》」として、犯人《はんにん》の追《つい》せき、麻薬《まやく》や拳《けん》銃《じゅう》の捜索《そうさく》をしたり、場合《ばあい》によっては凶器《きょうき》を持《も》った犯人《はんにん》の逮捕《たいほ》にも大活躍《だいかつやく》する警察犬《けいさつけん》。世話係《せわがかり》である鑑識課員《かんしきかいん》たちとの信頼関《しんらいかん》係《けい》は、とても大切《たいせつ》なものといえる。

→目《め》、鼻《はな》、口《くち》など、部分《ぶぶん》ごとの写真《しゃしん》を合成《ごうせい》して、一枚《いちまい》の顔写真《かおじゃしん》を作《つく》るモンタージュ写真《しゃしん》。しかし最《さい》近《きん》の捜査《そうさ》では、昔《むかし》ながらの似顔絵《にがおえ》も見直《みなお》されてきているようだ。（このイラストは、編集部《へんしゅうぶ》によるイメージです。）

このほかにも、鑑識課《かんしきか》員《いん》の仕事《しごと》はたくさんある。例《たと》えば、警察犬《けいさつけん》の世《せ》話《わ》や訓練《くんれん》をするのも大切《たいせつ》な仕事《しごと》のひとつ。テレビの刑《けい》事《じ》ドラマではよく、警察犬《けいさつけん》が犯人《はんにん》のにおいを追《お》う場面《ばめん》が出《で》てくるけれど、その時《とき》、犬《いぬ》を連《つ》れている人《ひと》が鑑《かん》識課員《しきかいん》というわけだ。

また、モンタージュ写真《しゃしん》を作《つく》るのも鑑識課員《かんしきかいん》の仕事《しごと》だ。モンタージュ写真《しゃしん》は似《に》顔絵《がおえ》のようなもので、目《もく》げき者《しゃ》の証言《しょうげん》をもとに数種類《すうしゅるい》の顔写真《かおじゃしん》から一部分《いちぶぶん》ずつをとって合成《ごうせい》し、容疑者《ようぎしゃ》の手《て》配《はい》写真《しゃしん》を作《つく》る。モンタージュ写真《しゃしん》を使《つか》っての聞《き》きこみ捜査《そうさ》が、犯人逮捕《はんにんたいほ》につながることも多《おお》いそうだよ。

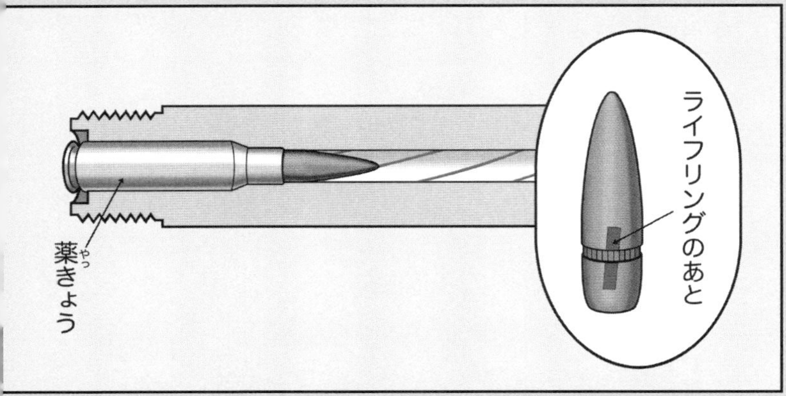

↑上《うえ》の図《ず》は、銃身《じゅうしん》を半分《はんぶん》に切《き》った断面《だんめん》。筒《つつ》の部分《ぶぶん》の内側《うちがわ》に刻《きざ》まれているのがライフリングだ。同《おな》じカッターで、同《おな》じライフリングを刻《きざ》んでも、刃《は》こぼれなどにより一丁一丁《いっちょういっちょう》の銃《じゅう》のライフリングはすべて微妙《びみょう》に異《こと》なる。だから人間《にんげん》の指紋《しもん》と同《おな》じように、銃弾《じゅうだん》のライフリングのあとを調《しら》べれば、発射《はっしゃ》した銃《じゅう》を特定《とくてい》できるんだ。

前《まえ》のページで紹介《しょうかい》した鑑識課《かんしきか》とは別《べつ》に、警《けい》視庁《しちょう》には「科学捜査研究《かがくそうさけんきゅう》所《じょ》（科捜研《かそうけん》）」という部署《ぶしょ》もある。鑑識課《かんしきか》の仕事《しごと》が主《おも》に現場検証《げんばけんしょう》をすることだったのに対《たい》し、科捜研《かそうけん》の仕事《しごと》は、現場検証《げんばけんしょう》などで得《え》られた手《て》がかりの品《しな》を科学的《かがくてき》に分析《ぶんせき》することが仕事《しごと》の中心《ちゅうしん》となる。

例《たと》えば、現場《げんば》に残《のこ》された血液《けつえき》やかみの毛《け》から犯人《はんにん》の血液型《けつえきがた》を特定《とくてい》したり、ニセ札《さつ》の疑《うたが》いがあるお金《かね》を本物《ほんもの》かどうか見極《みきわ》めるのも科捜《かそう》研《けん》の仕事《しごと》。あるいは筆《ひっ》せきの鑑定《かんてい》や薬物《やくぶつ》の鑑定《かんてい》、ファイル7で紹介《しょうかい》する声紋《せいもん》の鑑《かん》定《てい》なども行《おこな》っているよ。そんな鑑定《かんてい》の例《れい》として、犯罪《はんざい》に使《つか》われた銃《じゅう》を特定《とくてい》する「ライフリング鑑定《かんてい》」をくわしく紹介《しょうかい》していこう。

ほとんどの銃《じゅう》の銃身《じゅうしん》には、筒《つつ》の内側《うちがわ》にらせん状《じょう》の溝《みぞ》（ライフリング）が刻《きざ》まれている。発《はっ》射《しゃ》された銃弾《じゅうだん》は、銃身《じゅうしん》を通《とお》る時《とき》、このライフリングによってコマのような回転《かいてん》があたえられるんだ（銃弾《じゅうだん》がコマのように回転《かいてん》すると、飛《と》ぶ方向《ほうこう》が安定《あんてい》して命中《めいちゅう》率《りつ》が高《たか》まるんだよ）。

このようにして、ライフリングが刻《きざ》まれた銃《じゅう》から発《はっ》射《しゃ》された銃弾《じゅうだん》には、銃身《じゅうしん》を通《とお》る時《とき》についたライフリングのあとが必《かなら》ずついている。ライフリングは、指紋《しもん》と同《おな》じように、銃《じゅう》ごとにす

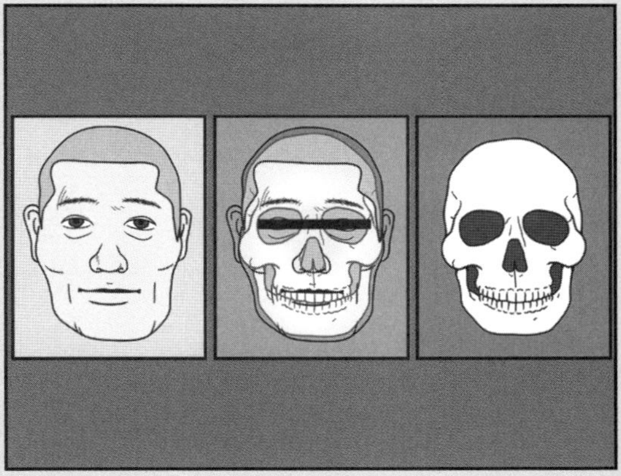

→コンピュータを使《つか》った「スーパーインポーズ法《ほう》」。白骨化《はっこつか》した死体《したい》の頭部《とうぶ》と、その白骨死体《はっこつしたい》の本人《ほんにん》と思《おも》われる人物《じんぶつ》の生前《せいぜん》の顔写《かおじゃ》真《しん》を重《かさ》ね合《あ》わせ、輪《りん》かくや、目《め》・鼻《はな》・口《くち》などの位置《いち》が一致《いっち》するかどうかを確《たし》かめて、同一人物《どういつじんぶつ》かどうかを判定《はんてい》するよ。

→一般的《いっぱんてき》には“ウソ発見《はっけん》器《き》”と呼《よ》ばれる「ポリグラフ検査《けんさ》」。犯罪《はんざい》や事故《じこ》に関係《かんけい》したと思《おも》われる人《ひと》にいろいろな質問《しつもん》をして、呼吸《こきゅう》や脈《みゃく》はくなどの変化《へんか》を計《はか》る。その結果《けっか》から、実際《じっさい》にその人《ひと》が犯罪《はんざい》や事故《じこ》に関係《かんけい》しているかどうかを判定《はんてい》するよ。

べて異《こと》なるから、これを調《しら》べれば、事件《じけん》に使《つか》われた銃《じゅう》弾《だん》がどの銃《じゅう》から発射《はっしゃ》されたのかを特定《とくてい》することができるわけだね。

科《か》捜研《そうけん》では、このほかにもパソコンを使《つか》った「スーパーインポーズ法《ほう》」という手法《しゅほう》で白骨死《はっこつし》体《たい》の身元《みもと》を特定《とくてい》したり、「ポリグラフ」という装置《そうち》で、相手《あいて》がウソをついていないかどうかを調《しら》べたりしているよ。

日本《にっぽん》では、毎日《まいにち》のようにさまざまな事件《じけん》が発生《はっせい》している。このような事件《じけん》を少《すこ》しでも早《はや》く解決《かいけつ》できるように、科捜研《かそうけん》では最新《さいしん》の科学《かがく》技術《ぎじゅつ》を使《つか》って、捜査《そうさ》に協《きょう》力《りょく》しているんだ。

毛利探偵事務
翌日《よくじつ》の土曜日《どようび》――。
毛利探偵
ガチャ
おはよー。
江戸川《えどがわ》コナン
高校生名探偵《こうこうせいめいたんてい》・工藤新一《くどうしんいち》が、ナゾの薬《くすり》によってこの体《からだ》に……。でも頭脳《ずのう》は新一《しんいち》のままなんだ！
あらコナンくん。寝《ね》てなきゃダメよ！
毛利《もうり》 蘭《らん》
新一《しんいち》（コナン）とは幼《おさな》なじみの帝丹高校《ていたんこうこう》の二年生《にねんせい》。父《ちち》は私立探偵《しりつたんてい》の毛利小五郎《もうりこごろう》。コナンが新一《しんいち》だってことは知《し》らない。

F2-1

FILE《ファイル》 2

コップに浮《う》かびあがる指紋《しもん》

少年科学探偵団《しょうねんかがくたんていだん》のメンバーが何気《なにげ》なく口《くち》にした「身近《みぢか》な道具《どうぐ》でできる指紋《しもん》の検出法《けんしゅつほう》」。はたして、そんなカンタンに指紋《しもん》を検出《けんしゅつ》することができるのだろうか？

昨日《きのう》はカゼで熱《ねつ》が39℃《ど》もあったんだから。
36.5c
だいじょうぶだよ。もう平熱《へいねつ》に下《さ》がってるから。
蘭《らん》、おまえは心配《しんぱい》しすぎなんだって。
毛利小五郎《もうりこごろう》
毛利蘭《もうりらん》の父親《ちちおや》で探偵《たんてい》。コナンのおかげで、名探偵《めいたんてい》「眠《ねむ》りの小五郎《こごろう》」として有名《ゆうめい》になった。
こんなガキ、ほっといたって死《し》にゃしねーよ。
なぁ?
はっはっはっ
ハ……ハハ……。
F2-2
今日《きょう》は学校《がっこう》も休《やす》みなんだから、ゆっくりしてればいいのに。
そうしたいとこだけど……
そろそろあいつらが——。
ガチャ

コナンくーん。
お見舞《みま》いに来《き》てやったぞ！
みんないらっしゃい。
これ、みんなで買《か》ったんだ。感謝《かんしゃ》しろよな。
そりゃどーも。
それよりぼくたちの話《はなし》を聞《き》いてください！
待《ま》て、おれが言《い》う。
あたし、あたし！
……。
わいわい
ガヤガヤ
何《なに》が言《い》いたいわけ？
実《じつ》は昨日《きのう》……。

F2-3

子《こ》どもの相手《あいて》をしてるほどヒマじゃないんですよ。
——ってことがあってね。
なるほどね。
だから、あんなヤツらに負《ま》けない探偵《たんてい》テクニックを教《おし》えてくれよ。
うんうん。
ガキどもにもおれ様《さま》のスゴさが分《わ》かってきたか。
おじさんじゃなくて、コナンくんに教《おそ》わりたいの！
ガクッ
あっそ。
そういえばあの人《ひと》たち、身近《みぢか》な道具《どうぐ》で指紋《しもん》の検出《けんしゅつ》ができるって……。
ほんとにそんなこと……？
ああ、できるさ。

F2-4

蘭《らん》ねえちゃん、お化粧道具《けしょうどうぐ》ってある？
確《たし》か、お母《かあ》さんが置《お》いてったのが……。
コナンくん、あったわよ。
よしっ。それじゃあ、家《いえ》の中《なか》でそろえたお化粧道具《けしょうどうぐ》を使《つか》って実験《じっけん》するぞ！
ジュースが入《はい》ったコップ
透明《とうめい》な下《した》じき
アイシャドウ
刷毛《はけ》
スタンプ台《だい》
セロハンテープ
ティッシュペーパー
オレはこっちを向《む》いてるから、だれかジュースを飲《の》んでくれ。
ぐびぐび
トンッ

F2-5

飲《の》み終《お》わったー!!
確《たし》かに3人《にん》とも右利《みぎき》きだったよな?
ええ。
おう。
うん。
それじゃあこれからコップについた指紋《しもん》を検出《けんしゅつ》するから、
みんなはスタンプ台《だい》を使《つか》って、右手《みぎて》の指紋《しもん》を紙《かみ》に採《と》ってくれ。
オッケー。
まずコップにアイシャドウの粉《こな》をふりかけて——
パラ
パラ
余分《よぶん》な粉《こな》をティッシュペーパーでそっと落《お》とす。
サッ
サッ
F2-6

ほらっ。指紋《しもん》が浮《う》かびあがってきたぞ。
おーっ!!
次《つぎ》はセロハンテープにコップの指紋《しもん》を写《うつ》し取《と》って――
ビーッ
親指《おやゆび》から順《じゅん》に透明《とうめい》な下《した》じきにはれば準備《じゅんび》OK《オーケー》!
そっちはどうだ?
こっちもOK《オーケー》よ!
それじゃあこれから指紋《しもん》を照合《しょうごう》して、ジュースを飲《の》んだ犯人《はんにん》を割《わ》り出《だ》すぞ!
まず歩美《あゆみ》ちゃんから……。
ドキ
ドキ

F2-7

う〜ん……。
指紋《しもん》が一致《いっち》しないから犯人《はんにん》じゃないね。
光彦《みつひこ》の指紋《しもん》とも合《あ》わない。
……ということは？
ピタッ
ピッタリ一致《いっち》した！やっぱり元太《げんた》か!!
ま、ホントはこんなことしなくても、
食《く》いしん坊《ぼう》な元太《げんた》がジュースを飲《の》むってことは分《わ》かってたけどな。
どっ
なんだよそれ〜。

すぐれた探偵《たんてい》の条件《じょうけん》は2つ。
まず1つは常識《じょうしき》を疑《うたが》ってかかること。
そして2つ目《め》は五感《ごかん》を働《はたら》かせるってことだ！
？
ゴカンって？
目《め》、耳《みみ》、鼻《はな》、口《くち》など、感覚《かんかく》のすべてを研《と》ぎすまして物事《ものごと》を観察《かんさつ》するってことよ。
へ〜。
♪
コポ
コポ
う〜ん、この香《かお》り。
やっぱコーヒーはブルマンだな。
！
おっちゃん、そのコーヒー貸《か》して！
おっ、おい。

F2-9

よし。
次《つぎ》は、このコーヒーを使《つか》って観察力《かんさつりょく》をきたえよう。
コップの中《なか》の水《みず》にスポイトで水《みず》をたらすと――
こんなふうに水《みず》の玉《たま》がはねあがってくるんだけど――。
コーヒーの中《なか》にミルクをたらしたら、どんなふうになると思《おも》う？
そりゃあやっぱ、コーヒーとミルクが混《ま》ざって、茶色《ちゃいろ》い玉《たま》になるんじゃねーか？
いえ……コナンくんはさっき常識《じょうしき》を疑《うたが》えって言《い》ってましたよね。
だから――
ミルクの勢《いきお》いでコーヒーだけがはねあがって――
こんなふうに黒《くろ》い玉《たま》ができるのでは？

F2-10

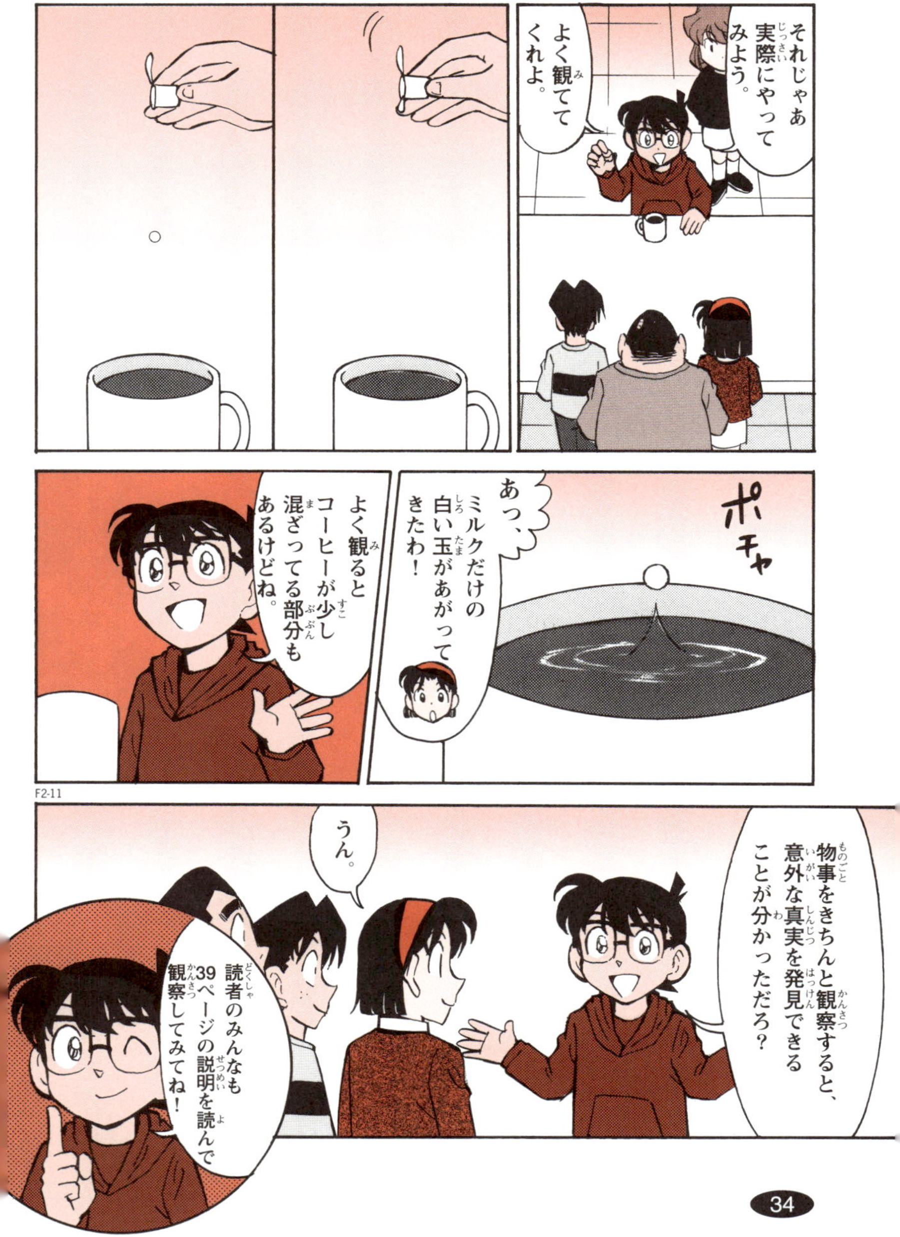
それじゃあ実際《じっさい》にやってみよう。
よく観《み》ててくれよ。
ポチャ
あっ、ミルクだけの白《しろ》い玉《たま》があがってきたわ！
よく観《み》るとコーヒーが少《すこ》し混《ま》ざってる部分《ぶぶん》もあるけどね。
物事《ものごと》をきちんと観察《かんさつ》すると、意外《いがい》な真実《しんじつ》を発見《はっけん》できることが分《わ》かっただろ？
うん。
読者《どくしゃ》のみんなも39ページの説明《せつめい》を読《よ》んで観察《かんさつ》してみてね！

F2-11

あとこれは、『シャーロック・ホームズ』シリーズの作者《さくしゃ》、コナン・ドイルの言葉《ことば》なんだけど……。
探偵《たんてい》するということは、一個《いっこ》の厳密《げんみつ》な科学《かがく》なのであって——そうあるべきなので、つねに冷静《れいせい》な、情《じょう》に走《はし》らぬ態度《たいど》でとりあつかわなければならないのだ。
コナン・ドイル　作《さく》
阿部知二《あべともじ》　訳《やく》
『四人の署名《よにんのしょめい》』（創元推理文庫《そうげんすいりぶんこ》）より。
——ってことなんだ。
ほぉ～。
——ってコラッ!
いてッ。
つたく、ブラックで飲《の》むつもりだったのにミルクを入《い》れやがって。
ズビッ
おまえら仕事《しごと》のジャマ——外《そと》で遊《あそ》んでこい。
て～～。

F2-12

コナンと実験《じっけん》！

アイシャドウで指紋《しもん》を検出《けんしゅつ》

身近《みぢか》にある化粧品《けしょうひん》を使《つか》って、コップの指紋《しもん》を検出《けんしゅつ》してみよう！

用意《ようい》するもの

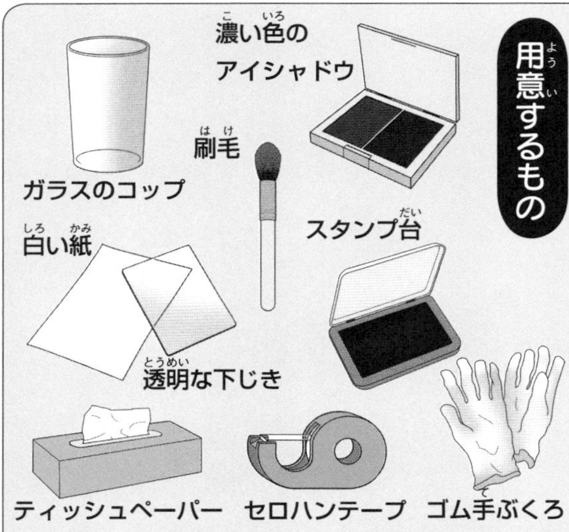

※アイシャドウや刷毛《はけ》などは100円《えん》ショップでも売《う》っているよ。

① コップに指紋《しもん》をつける

きれいに拭《ふ》いたガラスのコップを用意《ようい》したら、指先《ゆびさき》をしっかりおしつけて指紋《しもん》をつけよう。次《つぎ》に、コップに余分《よぶん》な指紋《しもん》がつかないようゴム手《て》ぶくろをしよう。

② アイシャドウをふりかける

ティッシュペーパーを広《ひろ》げた上《うえ》にコップを横《よこ》に置《お》き、指紋《しもん》をつけた部分《ぶぶん》にアイシャドウの粉《こな》をふりかける。刷毛《はけ》を使《つか》って、多《おお》めにふりかけるようにしよう。

③ティッシュで粉《こな》を払《はら》い落《お》とす

ティッシュで軽《かる》くたたくようにして余分《よぶん》な粉《こな》を払《はら》い落《お》とすと、指紋《しもん》が浮《う》かびあがってくる。化粧品《けしょうひん》は肌《はだ》になじむように作《つく》られているので、指紋《しもん》の脂《あぶら》にもしっかりくっついているんだ。

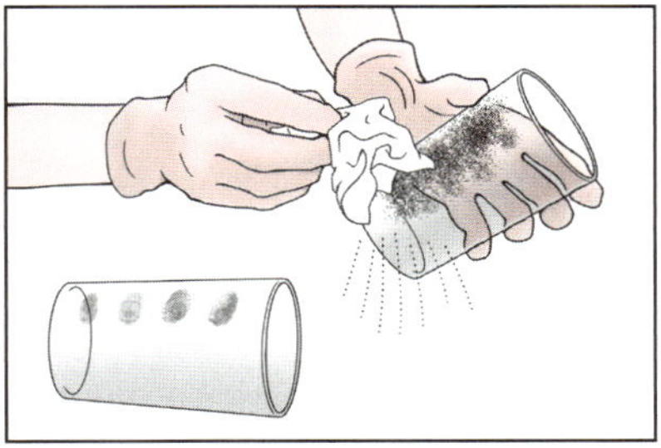

④指紋《しもん》をセロハンテープに写《うつ》し取《と》る

セロハンテープを指紋《しもん》の所《ところ》にはって粉《こな》を写《うつ》し取《と》り、透明《とうめい》な下《した》じきにはりつけていく。あとで白《しろ》い紙《かみ》に採《と》った指紋《しもん》と見比《みくら》べるので、親指《おやゆび》から順番《じゅんばん》にはっていくと分《わ》かりやすいよ。

⑤白《しろ》い紙《かみ》に指紋《しもん》を採《と》る

ゴム手《て》ぶくろを取《と》り、親指《おやゆび》から順番《じゅんばん》に指紋《しもん》を採《と》っていこう。スタンプ台《だい》のインクを指《ゆび》につけてから、白《しろ》い紙《かみ》の上《うえ》で指《ゆび》を横《よこ》に半回転《はんかいてん》させると、きれいに指紋《しもん》を採《と》ることができるよ。

⑥指紋《しもん》を照合《しょうごう》してみよう

コップから採取《さいしゅ》した指紋《しもん》と、スタンプで採《と》った指紋《しもん》を見比《みくら》べてみよう。ぴったり重《かさ》なったかな？　実験《じっけん》の最後《さいご》に、アイシャドウをふりかけたコップをきれいに洗《あら》ってからしまおう。

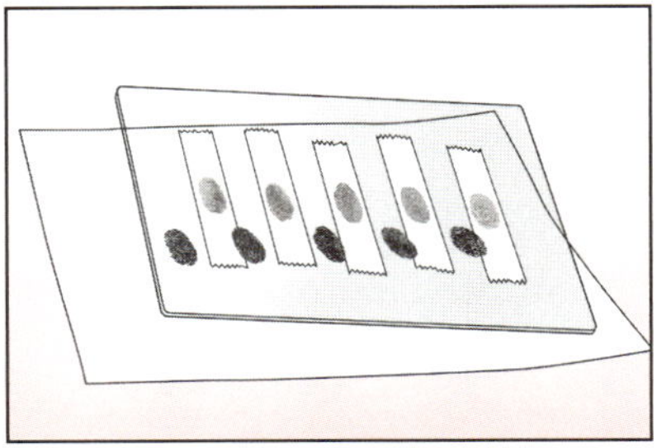

日本人《にほんじん》の指紋《しもん》

人《ひと》それぞれに異《こと》なる指紋《しもん》だけど、実《じつ》は4つのパターンがあるんだ。

人《ひと》が生《う》まれてから死《し》ぬまで、指紋《しもん》は一生《いっしょう》変《か》わらない。また、指紋《しもん》は人《ひと》それぞれ異《こと》なることも知《し》られていて、だからこそ犯罪《はんざい》の捜査《そうさ》に用《もち》いられているんだ。でも、この指紋《しもん》の形《かたち》が、大《おお》きく4つに分《わ》けられることをキミは知《し》っているかな?

ひとつは、うず巻《ま》き状《じょう》の渦状紋《かじょうもん》。2つ目《め》は、馬《うま》のひづめの形《かたち》をした蹄状紋《ていじょうもん》。そして、ゆるやかな弓《ゆみ》なりの弓状紋《きゅうじょうもん》。この3つに入《はい》らないものを変体紋《へんたいもん》というよ。

この4つをさらに細《こま》かく分《わ》けると、指紋《しもん》は全部《ぜんぶ》で12種類《しゅるい》に分類《ぶんるい》される。それが、10本《ぽん》の指《ゆび》にばらばらにあるのだから、その組《く》み合《あ》わせは600億通《おくとお》り以上《いじょう》だ。そのうえ、例《たと》えば同《おな》じ蹄状《ていじょう》紋《もん》でも線《せん》の曲《ま》がり方《かた》などは人《ひと》それぞれだから、結果《けっか》として無数《むすう》の指紋《しもん》があるといえるだろう。

ところで、この指紋《しもん》の形《かたち》は、その人《ひと》がどこの国《くに》の人《ひと》かによってかたよりがあるそうだ。例《たと》えば日本人《にほんじん》に多《おお》いのは渦状紋《かじょうもん》で、日本人《にほんじん》の指《ゆび》の約《やく》50%が渦状紋《かじょうもん》だという。次《つぎ》に多《おお》いのが蹄状紋《ていじょうもん》で約《やく》40%。弓状紋《きゅうじょうもん》はたったの10%しかないんだそうだ。

コーヒー&ミルクの観察《かんさつ》

コナンと同《おな》じように、キミもコーヒーとミルクを観察《かんさつ》してみよう！

用意《ようい》するもの

① ミルクを一滴《いってき》コーヒーにたらす

カップにいれたコーヒーに、10㎝くらい上《うえ》からミルクを一滴《いってき》そっとたらそう。ミルクがない場合《ばあい》は牛乳《ぎゅうにゅう》でもOK（生《なま》クリームはねばりけがあるので不可《ふか》）。

② 白《しろ》い玉《たま》があがる様子《ようす》を観察《かんさつ》しよう

ミルクが落《お》ちる様子《ようす》を注《ちゅう》意《い》深《ぶか》く見《み》ていると、コーヒーから白《しろ》いミルクの玉《たま》がはねあがってくるところを観察《かんさつ》できる（ヤケドしないように注意《ちゅうい》しよう）。

FILE《ファイル》 3

現場《げんば》の足《あし》あとから真犯人《しんはんにん》を探《さが》せ!

小五郎《こごろう》のおっちゃんに事務所《じむしょ》を追《お》い出《だ》されたコナンたちが、偶然通《ぐうぜんとお》りかかった公園《こうえん》の中《なか》から男《おとこ》の人《ひと》のどなり声《ごえ》が……。新《あら》たなる事件《じけん》の発生《はっせい》か!?

F3-1

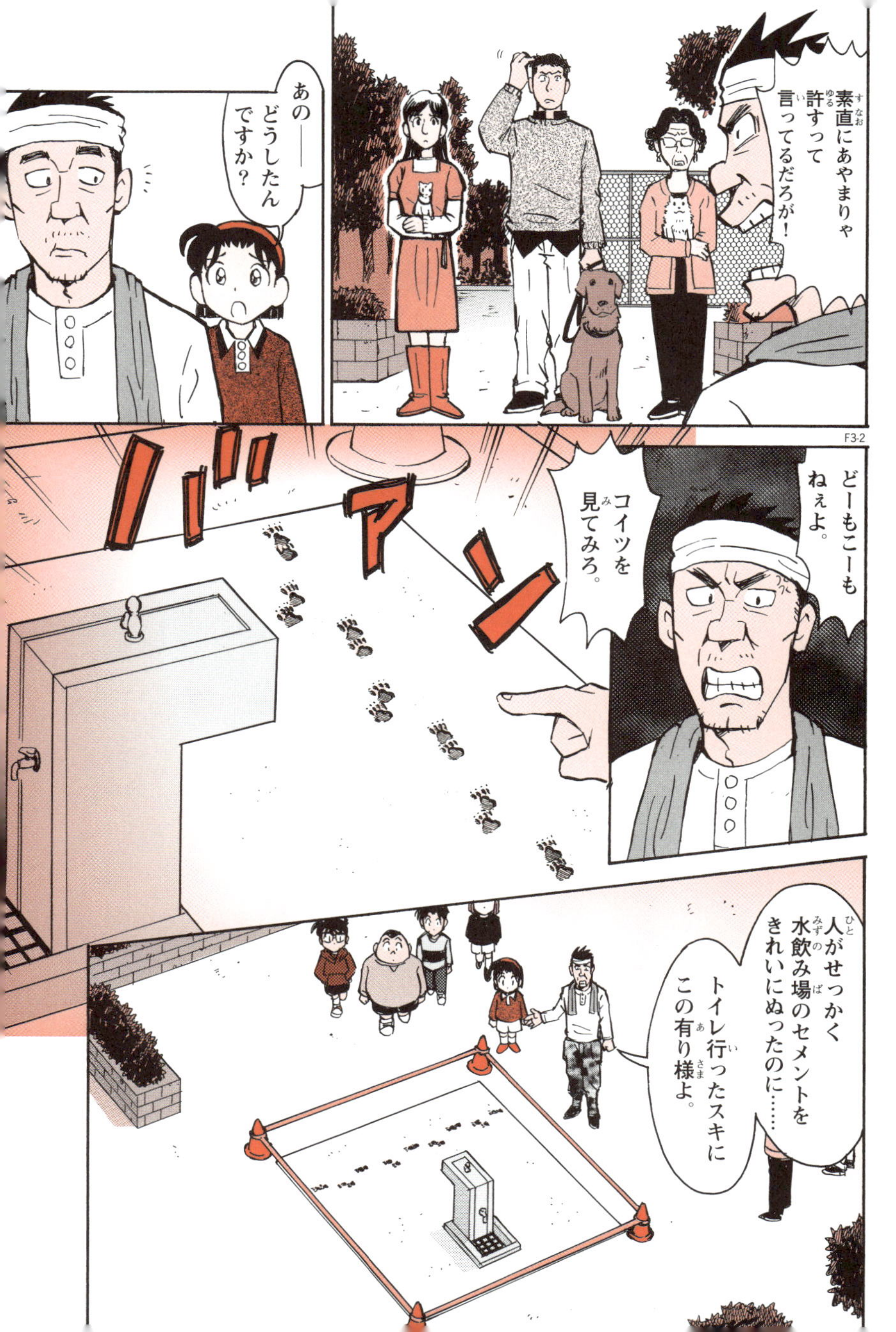

素直《すなお》にあやまりゃ許《ゆる》すって言《い》ってるだろが！
あの――どうしたんですか？
どーもこーもねぇよ。
コイツを見《み》てみろ。
バアン
人《ひと》がせっかく水飲《みずの》み場《ば》のセメントをきれいにぬったのに……
トイレ行《い》ったスキにこの有《あ》り様《さま》よ。

そこで、水飲《みずの》み場《ば》の近《ちか》くにいたペット連《づ》れの3人《にん》をつかまえて質問《しつもん》してたっつーわけよ。
質問《しつもん》っていうより、あれじゃケンカ売《う》ってるみたいですよね。
ボソボソ
うん うん
口《くち》の悪《わる》さは生《う》まれつきよ!
あやまりゃ許《ゆる》してやるって言《い》ってんだがよぉ。
あの――
ぼくとジョンは今《いま》、公園《こうえん》に来《き》たばかりだし……
このあと用《よう》があるんで帰《かえ》っていいですか?
なら私《わたし》も。
そろそろ陶芸教室《とうげいきょうしつ》に行《い》く時間《じかん》なので。
そもそもあんな汚《きたな》いとこ歩《ある》くわけないわよ。
ねー、ミミちゃん♡
ムッ
F3-3

うちのクーちゃんだってそんなことしません。
それに、お散《さん》歩《ぽ》用《よう》のリードだって、ほら。
あの——この近《ちか》くには猫屋敷《ねこやしき》もありますし、
犯人《はんにん》はノラ猫《ねこ》かもしれませんよ。
ほら、あそこにも猫《ねこ》が！
……う〜ん。
ところでボウズたちはいったい……？
おれたち、
バババン
少年《しょうねん》探偵団《たんていだん》!!

F3-4

どんな難事件《なんじけん》もスパッと解決《かいけつ》さっ。
ほう。
そりゃたのもしい。
で、探偵《たんてい》さんたち……
足《あし》あとを付《つ》けた犯人《はんにん》はいったいだれだと？
おれは、あの兄《にい》ちゃんのリトリバーがあやしいと思《おも》うな。
まぁ、なんとなくだけど。
なんとなくですか。
え～と私《わたし》は……
証拠《しょうこ》はないけど……
あのおばさんが抱《だ》いてるポメラニアンが気《き》になるわ。

F3-5

フンッ、バカバカしい。子《こ》どもの遊《あそ》びに付《つ》き合《あ》ってられませんわ。
失礼《しつれい》しますよ。
ちょっと待《ま》って、おばさん。
なぁ、みんな。
こういう時《とき》は科学的《かがくてき》な観察《かんさつ》が大事《だいじ》だって言《い》ったろ?
そうだったわ。
この場合《ばあい》、
ゴそ
セメントに残《のこ》された足《あし》あとをじっくり観察《かんさつ》すればいいわけですね。
う〜ん、この足《あし》あとはそんなに大《おお》きくありませんね。
思《おも》ったより浅《あさ》い足《あし》あとだぞ。
歩幅《ほはば》も狭《せま》いみたいね。

F3-6

――ということは
つまり……。
この足《あし》あとをつけた動物《どうぶつ》は、猫《ねこ》か小型犬《こがたけん》くらいの大《おお》きさで――
体重《たいじゅう》も軽《かる》いってことね！
大型犬《おおがたけん》のリトリバーははずしてもよさそうですね。
おれの予想《よそう》はハズレたってことか～。
足《あし》あとの指《ゆび》の数《かず》はどうだった？
指《ゆび》は4本《ほん》だったわ。
あっ！

F3-7

前《まえ》にテレビの動物番組《どうぶつばんぐみ》で観《み》たんですけど、
フェレットの足《あし》あとって、こんな感《かん》じでした。
つまりフェレットの足《あし》あとなら指《ゆび》が5本《ほん》あるはずです。
――ってことはフェレットの線《せん》も消《き》えたわけか。
残《のこ》ったのはポメラニアンと猫《ねこ》ちゃんね。
するとやっぱり、
自由《じゆう》に歩《ある》き回《まわ》れるノラ猫《ねこ》が犯人《はんにん》ってことに……。
おいおい光彦《みつひこ》、よく見《み》てみろよ。
このおばさんも犬《いぬ》にリードなんかつけてないぜ。
ここまで抱《だ》いてきて、公園《こうえん》の中《なか》は自由《じゆう》に歩《ある》かせてるんだよ。
……。

F3-8

う〜ん、犬《いぬ》も猫《ねこ》も足《あし》あとに残《のこ》る指《ゆび》は４本《ほん》……。
ポメラニアンとあの猫《ねこ》じゃ大《おお》きさも体重《たいじゅう》も同《おな》じくらいね。
もう一度《いちど》足《あし》あとをじっくり観《み》てみたら？　きっと証拠《しょうこ》が見《み》つかるはずよ。
う〜〜〜〜〜ん。
F3-9
あっ、分《わ》かった!!
これは犬《いぬ》の足《あし》あとよ！
だって猫《ねこ》の足《あし》あとだったら、こうなるはずだもの。
猫《ねこ》はふだんツメを隠《かく》してるから足《あし》あとにはツメのあとが残《のこ》らないはずよ。

やっぱ おめーの犬《いぬ》の 足《あし》あとか！
なんのことか さっぱり……。
ちょっと失礼《しつれい》。 お手《て》っ！
おや、 この白《しろ》いのは？
わ……
わざとじゃ ないのよ。
ちょっと目《め》を はなしたスキに……。
バッキャロー!!

F3-10

ワン公《こう》には なんの罪《つみ》も ねぇが……
それでも ペットの不始末《ふしまつ》は 飼《か》い主《ぬし》の責任《せきにん》！
飼《か》い主《ぬし》が代《か》わりに あやまらねーで どーする!?
……。
セメントなんか ぬり直《なお》しゃあ すむがよ――
いい大人《おとな》がわびの 一《ひと》つも入《い》れられねーんじゃ、 ガキどもにも 示《しめ》しがつかねぇだろ?
ご、ごめん あそばせ。
スゴスゴ
これで一件落着《いっけんらくちゃく》って わけか。
よかったね。
F3-11
それにしても スゲーじゃねーか。 まるで本物《ほんもの》の探偵《たんてい》 みたいだったぜ。
まーね。

そういやぁ公園《こうえん》の掲示板《けいじばん》にはってあるポスター見《み》たか?
入《い》り口《ぐち》の横《よこ》にあるやつ?
確《たし》か……「探偵《たんてい》オリンピック」がどーとか……。
きっとおめぇら向《む》き……。
おもしろそー!見《み》に行《い》こうぜ。
ダダッ
米花公園　掲示板
アマチュア探偵オリンピック
米花テレビ主催
特別ゲスト
坂本秀一
君もチャレンジ!
参加者大募集!
これか……。
参加者《さんかしゃ》募集中《ぼしゅうちゅう》よ!
坂本秀一《さかもとしゅういち》さんのミニコンサートもあるみたいですね。
このイベント……きっと小若小《こじゃくしょう》のヤツらも出《で》てくるぜ。
おれたちも参加《さんか》して、ヤツらと勝負《しょうぶ》だ!
おーっ!!
やれやれ

F3-12

キミも実験《じっけん》!

犯人《はんにん》の足《あし》あとを追《お》え!!

土《つち》につけた足《あし》あとから石《せっ》こうの足型《あしがた》を採《と》ってみよう!

用意《ようい》するもの

園芸用《えんげいよう》の黒土《くろつち》
黒土
たわしか使《つか》い古《ふる》しの歯《は》ブラシ
定規《じょうぎ》
菓子折《かしお》りなどの空《あ》き箱《ばこ》
バケツ
石《せっ》こう
石こう
紙《かみ》コップ
割《わ》りばし

① 黒土《くろつち》に足《あし》あとをつける

くつが収《おさ》まる大《おお》きさの空《あ》き箱《ばこ》に黒土《くろつち》を厚《あつ》さ4~5㎝ほどしきつめ、足《あし》あとをつけよう。黒土《くろつち》以外《いがい》でも、足《あし》あとが残《のこ》るくらいやわらかい土《つち》ならOKだよ。

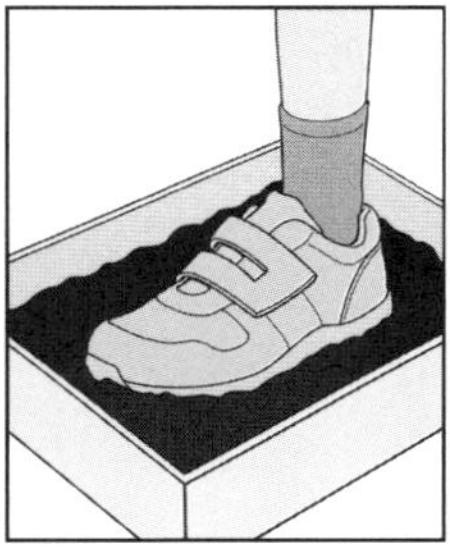

② まず足《あし》あとを観察《かんさつ》しよう

足《あし》あとのくつ底《ぞこ》の模様《もよう》やへり具合《ぐあい》を観察《かんさつ》したら、定規《じょうぎ》を使《つか》って大《おお》きさや深《ふか》さを測《はか》ってみよう。空《あ》き箱《ばこ》を2つ用意《ようい》して、ほかの人《ひと》の足《あし》あとと比《くら》べても面白《おもしろ》いよ。

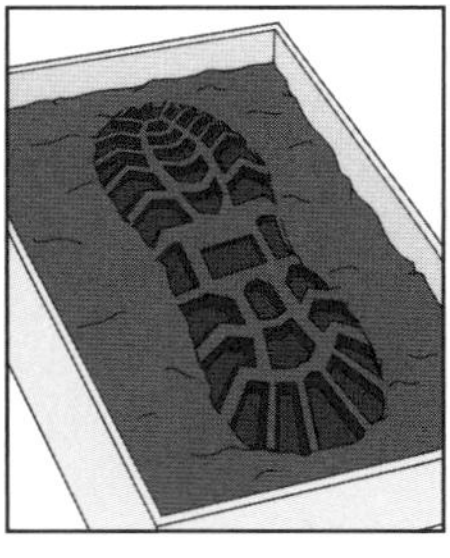

③ 石《せっ》こうを水《みず》で溶《と》く

石《せっ》こうはホームセンターや画材店《がざいてん》で売《う》っているので、用意《ようい》しておこう。石《せっ》こうの説明書《せつめいしょ》にしたがって、バケツに水《みず》を入《い》れ、石《せっ》こうを溶《と》いた水《みず》を作《つく》る。服《ふく》をよごさないように注意《ちゅうい》!

④ 石《せっ》こうを足《あし》あとに流《なが》しこむ

石《せっ》こうを溶《と》いたバケツの中《なか》の水《みず》を紙《かみ》コップですくって、1~2㎝の厚《あつ》さになるまで足《あし》あとへ静《しず》かに流《なが》しこむ。20~30分《ぷん》かわかしてから、指《ゆび》でさわって、固《かた》まったことを確《たし》かめよう。

⑤ 固《かた》まった石《せっ》こうを水《みず》で洗《あら》う

石《せっ》こうが固《かた》まったら取《と》り外《はず》し、バケツの水《みず》で洗《あら》う。たわしなどで土《つち》をきれいに落《お》とそう。石《せっ》こうの残《のこ》りは空《あ》き缶《かん》などに移《うつ》し、固《かた》めてから、住《す》んでいる町《まち》のルールにしたがって処分《しょぶん》しよう。

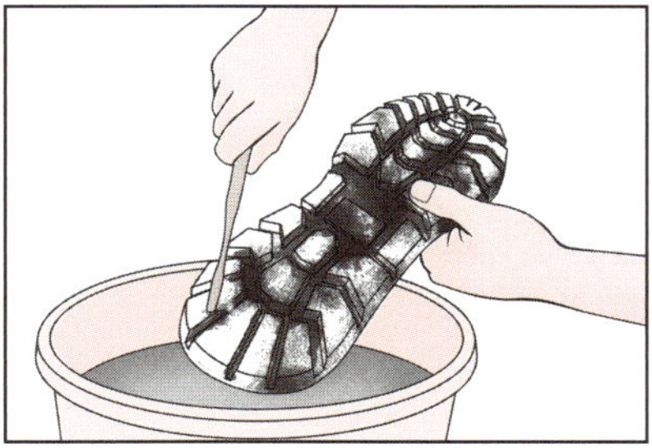

⑥ 石《せっ》こうの足型《あしがた》を観察《かんさつ》しよう

石《せっ》こうの足型《あしがた》を観察《かんさつ》すると、土《つち》の足《あし》あとでは分《わ》からなかった、くつ底《ぞこ》の細《こま》かい模様《もよう》などがはっきりと分《わ》かるはずだ。もし猫《ねこ》や犬《いぬ》の足《あし》あとを発見《はっけん》したら、同《おな》じように足型《あしがた》を採《と》ってみよう。

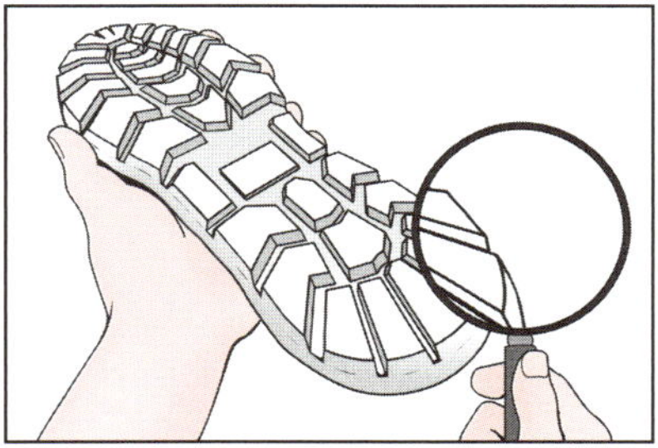

めざせ！
名探偵《めいたんてい》

ペット探偵《たんてい》の観察《かんさつ》テクニック

迷子《まいご》ペットの行方《ゆくえ》を探《さが》してくれる「ペット探偵《たんてい》」に学《まな》ぼう！

迷子の犬を探しています
不明日：○○
犬種：○○
名前：○○
性別：○○
失踪時、赤い首輪
大変心配しています
どんな情報でもご連絡お願いします
連絡先：　○○−○○○○

↑迷子探《まいごさが》しのポスターはまず、ペットが姿《すがた》を消《け》した地点《ちてん》を円《えん》で囲《かこ》むようにはる。その後《ご》、目《もく》げき情報《じょうほう》が得《え》られたら、その方面《ほうめん》にはん囲《い》を広《ひろ》げていくのが基本《きほん》となる。

キミは迷子《まいご》のペットを探《さが》してくれる「ペット探偵《たんてい》」を知《し》っているだろうか？ 飼《か》い主《ぬし》から依頼《いらい》を受《う》けて、行方不明《ゆくえふめい》になった犬《いぬ》や猫《ねこ》を探《さが》すペット探偵《たんてい》社《しゃ》、それが『ペットレスキュー』だ（ホームページのアドレスhttp://www.rescue-pet.com/）。

現在《げんざい》、日本《にっぽん》のペット数《すう》は犬《いぬ》、猫《ねこ》あわせて約《やく》1600万匹《まんびき》もいるそうだ。その一方《いっぽう》で、飼《か》い主《ぬし》から見捨《みす》てられたり、迷子《まいご》になったペットが、一年間《いちねんかん》で70万匹《まんびき》以上《いじょう》も保健所《ほけんじょ》などで〝処分《しょぶん》〟されている。この70万匹《まんびき》の中《なか》に、迷子《まいご》になって家《いえ》に帰《かえ》ることができず、命《いのち》を失《うしな》うことになったペットがどれだけいるのだろうか。そんな迷子《まいご》のペットを少《すこ》しでも救《すく》うことはできないだろうか。そんな思《おも》いから、藤原博史《ふじわらひろふみ》さんという人《ひと》がこの『ペットレスキュー』を始《はじ》めたんだ。

ペット探偵《たんてい》の道具《どうぐ》

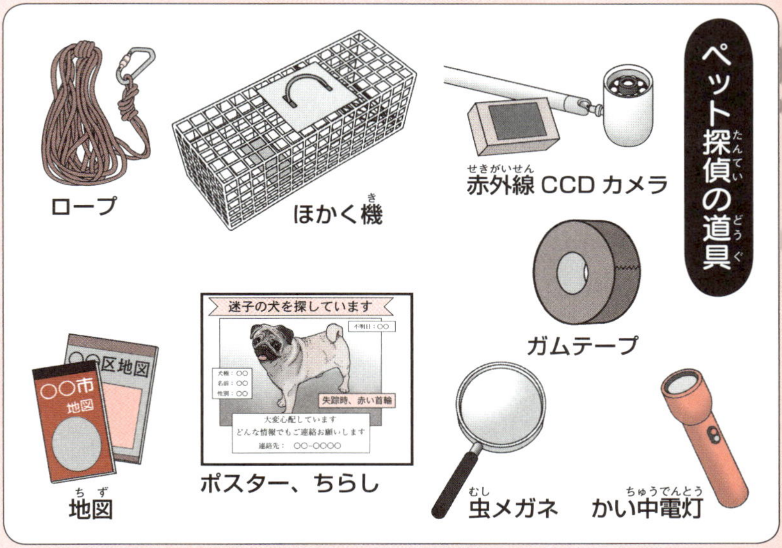
ロープ
ほかく機《き》
赤外線《せきがいせん》CCDカメラ
ガムテープ
〇〇区地図
〇〇市
地図
地図《ちず》
迷子の犬を探しています
不明日：〇〇
犬種：〇〇
名前：〇〇
性別：〇〇
失踪時、赤い首輪
大変心配しています
どんな情報でもご連絡お願いします
連絡先：　〇〇-〇〇〇〇
ポスター、ちらし
虫《むし》メガネ
かい中電灯《ちゅうでんとう》

ペット探偵の捜索活動《どう》は、飼《か》い主《ぬし》から依《い》頼《らい》を受《う》けるところから始《はじ》まる（捜索費用《そうさくひよう》については『ペットレスキュー』のホームページを読《よ》んでね）。

依頼《いらい》を受《う》けた探偵《たんてい》はまず、ペットがいなくなった時《とき》の状況《じょうきょう》やペットの性格《せいかく》を飼《か》い主《ぬし》から聞《き》きとる。さらに、預《あず》かったペットの写真《しゃしん》からポスターなどを作《つく》り、目《もく》げき者《しゃ》からの情報《じょうほう》を集《あつ》める。そして、聞《き》きこみ捜査《そうさ》と捜索活動《そうさくかつどう》——という一連《いちれん》の作業《さぎょう》を4日間《かかん》で行《おこな》うそうだ。その結果《けっか》、ペットが発《はっ》見《けん》される確率《かくりつ》は平均《へいきん》75%にもなるのだという。

藤原《ふじわら》さんによると、ペット探偵《たんてい》の心得《こころえ》は「動物《どうぶつ》の視《し》点で物事《ものごと》を見《み》ること」。捜索《さく》には上《うえ》の図《ず》のような道具《どうぐ》が欠《か》かせないそうだ。

例《たと》えば、ほかく機《き》は、手《て》が届《とど》かないようなせまい場《ば》所《しょ》に迷《まよ》いこんだ猫《ねこ》を発見《はっけん》した時《とき》などに使《つか》う。おく病《びょう》な猫《ねこ》だと飼《か》い主《ぬし》が呼《よ》んでも出《で》てこないことがあるため、通《とお》り道《みち》となるような場所《ばしょ》にほかく機《き》をしかけ、エサでおびき出《だ》すのだそうだ。

同《おな》じように、暗《くら》くてせまい場所《ばしょ》に入《はい》りこんでしまった猫《ねこ》などの様子《ようす》を確認《かくにん》するための道具《どうぐ》が赤外線《せきがいせん》ＣＣＤカメラ。ほかにも、ペットの足《あし》あとやぬけ毛《げ》を調《しら》べるために使《つか》う虫《むし》メガネなど、どれもペットの捜索《そうさく》になくてはならない道具《どうぐ》なのだ。

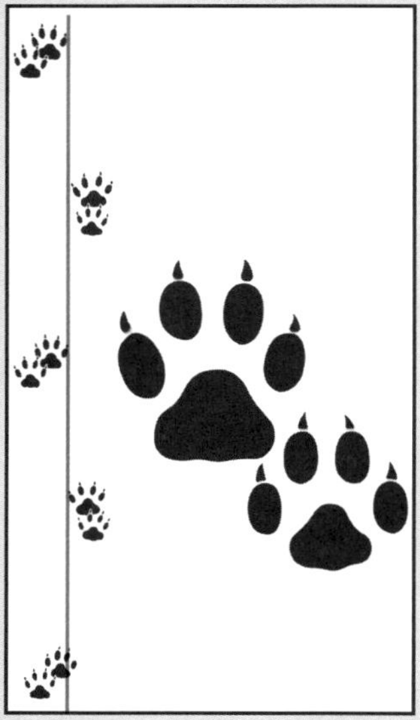

犬《いぬ》の探《さが》し方《かた》

←犬《いぬ》の足《あし》あとには４本《ほん》の指《ゆび》のあとがつき、ツメあともはっきり残《のこ》る。犬《いぬ》は体《からだ》の前側《まえがわ》に筋肉《きんにく》がつき、腰《こし》の方《ほう》は細《ほそ》いため、足《あし》あとも前足《まえあし》は大《おお》きく、後《うし》ろ足《あし》は小《ちい》さい。犬《いぬ》の足《あし》あとをよく観察《かんさつ》すると、後《うし》ろ足《あし》が前足《まえあし》に重《かさ》なったり、左右《さゆう》に並《なら》んだ状態《じょうたい》になっていることが分《わ》かるよ。

次《つぎ》は、ペット探偵《たんてい》の具《ぐ》体的《たいてき》な捜索《そうさく》テクニックを紹介《しょうかい》していこう。まずは迷子犬《まいごけん》の探《さが》し方《かた》だよ。

『ペットレスキュー』のデータによると、迷子犬《まいごけん》は活発《かっぱつ》に行動《こうどう》する傾向《けいこう》が強《つよ》いという。例《たと》えば家《いえ》から脱走《だっそう》した犬《いぬ》の場合《ばあい》は、マーキング（おしっこ）のにおいをかぎ回《まわ》っているうち、知《し》らない場所《ばしょ》に移動《いどう》してしまうことがある。一方《いっぽう》、何《なに》かの理由《りゆう》で飼《か》い主《ぬし》とはぐれた犬《いぬ》も、パニック状態《じょうたい》で飼《か》い主《ぬし》を探《さが》すため、やはり遠《とお》くへ移動《いどう》してしまうそうだ。

ただ、その後《ご》に予測《よそく》される状況《じょうきょう》は、体《からだ》の大《おお》きさなどにより傾向《けいこう》が異《こと》なるので、適切《てきせつ》な捜索方法《そうさくほうほう》をとる必要《ひつよう》がある。小型犬《こがたけん》の場合《ばあい》は、早《はや》い段階《だんかい》で人《ひと》に保護《ほご》される可能性《かのうせい》が高《たか》く、そのまま飼《か》われていることも多《おお》いそうだ。だから犬《いぬ》の行方《ゆくえ》を追《お》うだけでなく、保護《ほご》してくれた人《ひと》を探《さが》す必要《ひつよう》もあるんだよ。逆《ぎゃく》に大型犬《おおがたけん》の場合《ばあい》は、歩《ある》いているだけでも目立《めだ》つので、保健所《ほけんじょ》などに通報《つうほう》され、施設《しせつ》で保護《ほご》されている可能性《かのうせい》が高《たか》い。

このように、あらかじめ迷子犬《まいごけん》の状況《じょうきょう》を予測《よそく》したうえで、ポスターなどを見《み》た人《ひと》から情報《じょうほう》を得《え》て、捜索《そうさく》はん囲《い》を狭《せば》めていく。犬《いぬ》を発《はっ》見《けん》した際《さい》は、交通事故《こうつうじこ》などにあわないよう、周囲《しゅうい》の安《あん》全《ぜん》を確認《かくにん》してから名前《なまえ》を呼《よ》ぶといいようだ。

猫《ねこ》の探《さが》し方《かた》

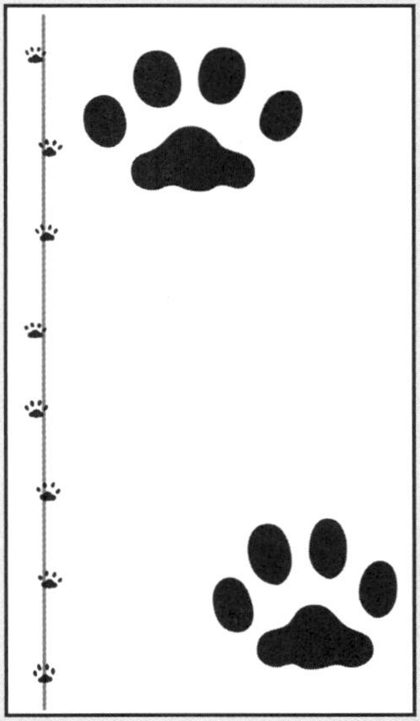

←家《いえ》の中《なか》だけで飼《か》っていた猫《ねこ》が行方不明《ゆくえふめい》になった場合《ばあい》、外《そと》へ出《で》て、最初《さいしょ》にどこへ向《む》かったかを特定《とくてい》するため、足《あし》あとを探《さが》す捜査《そうさ》はとくに重要《じゅうよう》となる。猫《ねこ》の足《あし》あとには４本《ほん》の指《ゆび》のあとがつき、ふだんはツメのあとが残《のこ》らない。指《ゆび》と指《ゆび》の間《あいだ》は、前足《まえあし》の方《ほう》が広《ひろ》がっているんだ。

迷子猫の場合も、それぞれの猫《ねこ》に応《おう》じた捜《そう》索方法《さくほうほう》が必要《ひつよう》となる。

例《たと》えば、ふだんから自由《じゆう》に外出《がいしゅつ》している猫《ねこ》が帰《かえ》ってこなくなった場合《ばあい》は、木《き》に登《のぼ》っておりられなくなっていたり、交通事故《こうつうじこ》にあっていたりというトラブルに巻《ま》きこまれた可能性《かのうせい》が高《たか》い。だから、日《ひ》ごろから自分《じぶん》の猫《ねこ》のテリトリーを観察《かんさつ》しておき、家《いえ》に帰《かえ》ってこない場《ば》合《あい》は、まずテリトリー内《ない》を探《さが》すといいそうだ。

一方《いっぽう》、家《いえ》の中《なか》で飼《か》っている猫《ねこ》が外《そと》に出《で》てしまうと、外《そと》の世界《せかい》になれていないため、車《くるま》の音《おと》やほかのノラ猫《ねこ》におびえ、神経質《しんけいしつ》になっていることが多《おお》い。だから飼《か》い主《ぬし》に名前《なまえ》を呼《よ》ばれても返事《へんじ》ができず、帰《かえ》る家《いえ》が分《わ》かっていても、なかなか行《こう》動《どう》することができないそうだ。このような家猫《いえねこ》は、となりの家《いえ》で発見《はっけん》されることも多《おお》いそうなので、まずは近所《きんじょ》を探《さが》すといいだろう。

注意《ちゅうい》しなければならないのは、もし迷子猫《まいごねこ》を発見《はっけん》しても、絶対《ぜったい》にかけ寄《よ》らないこと。迷子猫《まいごねこ》は不安《ふあん》な気持《きも》ちでいっぱいになっているから、人《ひと》がかけ寄《よ》ってくると、飼《か》い主《ぬし》かどうかも分《わ》からず逃《に》げてしまうことが多《おお》いんだ。だから、まずその場《ば》でしゃがみ、名前《なまえ》を呼《よ》びながらエサを見《み》せる。そして、猫《ねこ》の方《ほう》から近《ちか》づいてくるのを待《ま》つといいよ。

FILE《ファイル》 4

探偵《たんてい》オリンピック開幕《かいまく》!

米花《べいか》テレビ局《きょく》が主催《しゅさい》する「アマチュア探偵《たんてい》オリンピック」に出場《しゅつじょう》することになったコナンたち。まずは予選問題《よせんもんだい》にチャレンジだ!!

F4-1

ふあ〜ぁ
せっかくの日曜《にちよう》だってのに、またガキどものお供《とも》か……。
それにしてもなんだ、こいつらのヘンなかっこうは？
私《わたし》が何日《なんにち》も徹夜《てつや》して作《つく》ったコスチュームなのよ。
コナンくんがシャーロック・ホームズ。
ぼくはホームズの友《とも》だちのワトスン医師《いし》ですね。
で……おれはだれだっけ？
元太《げんた》はホームズの兄貴《あにき》のマイクロフトだよ。
シャーロキアンなら常識中《じょうしきちゅう》の常識《じょうしき》だぜ。
ド、ド忘《わす》れに決《き》まってるだろ〜。
推理《すいり》オタク以外《いがい》、そんなの知《し》らねーよ。
私《わたし》もよく知《し》らないな。
あっそ……。

F4-2

ん？　よく見《み》たら会場中《かいじょうじゅう》、コスプレしてるヤツらばっかりだな。
ガヤガヤ
ワィワィ
1チーム3人《にん》で、必《かなら》ず探偵《たんてい》のコスチュームを着《き》るのがルールなんですって。
銭形平次《ぜにがたへいじ》、鬼平《おにへい》に金《きん》さん……
あいつらはさしずめ、時代劇《じだいげき》チームってとこか。
おっ！　あそこはずいぶん色《いろ》っぽいな〜。
ちょっと、お父《とう》さん。
テレビのなんとかエンジェルね。
テレビや小説《しょうせつ》の名探偵《めいたんてい》が大集合《だいしゅうごう》って感《かん》じね。
まったく……だれのアイディアなんだか。
あの車《くるま》イスのチームは鬼警部《おにけいぶ》アイアンサイドのつもりかな？
あっ、あの子《こ》たちは!!

F4-3

よおっ。
やっぱりおまえらもエントリーしてたんだな。
えーと、キミたちはだれでしたっけ？
帝丹小《ていたんしょう》の少年探偵団《しょうねんたんていだん》だっっ!!
あれが例《れい》の少年科学探偵団《しょうねんかがくたんていだん》か。
今回《こんかい》は、あなたたちに出場権《しゅつじょうけん》をゆずったんだから、がんばってよね。
でも子《こ》どもとシロートが相手《あいて》じゃ、気合《きあ》いが入《はい》んねーんだよな。
あら、あの子《こ》たち、けっこうやるわよ。
それより阿笠博士《あがさはかせ》は？
今日《きょう》は朝《あさ》から姿《すがた》が見《み》えないのよね。
小僧《こぞう》、そろそろ時間《じかん》だぞ。
コナンくん、がんばって。

F4-4

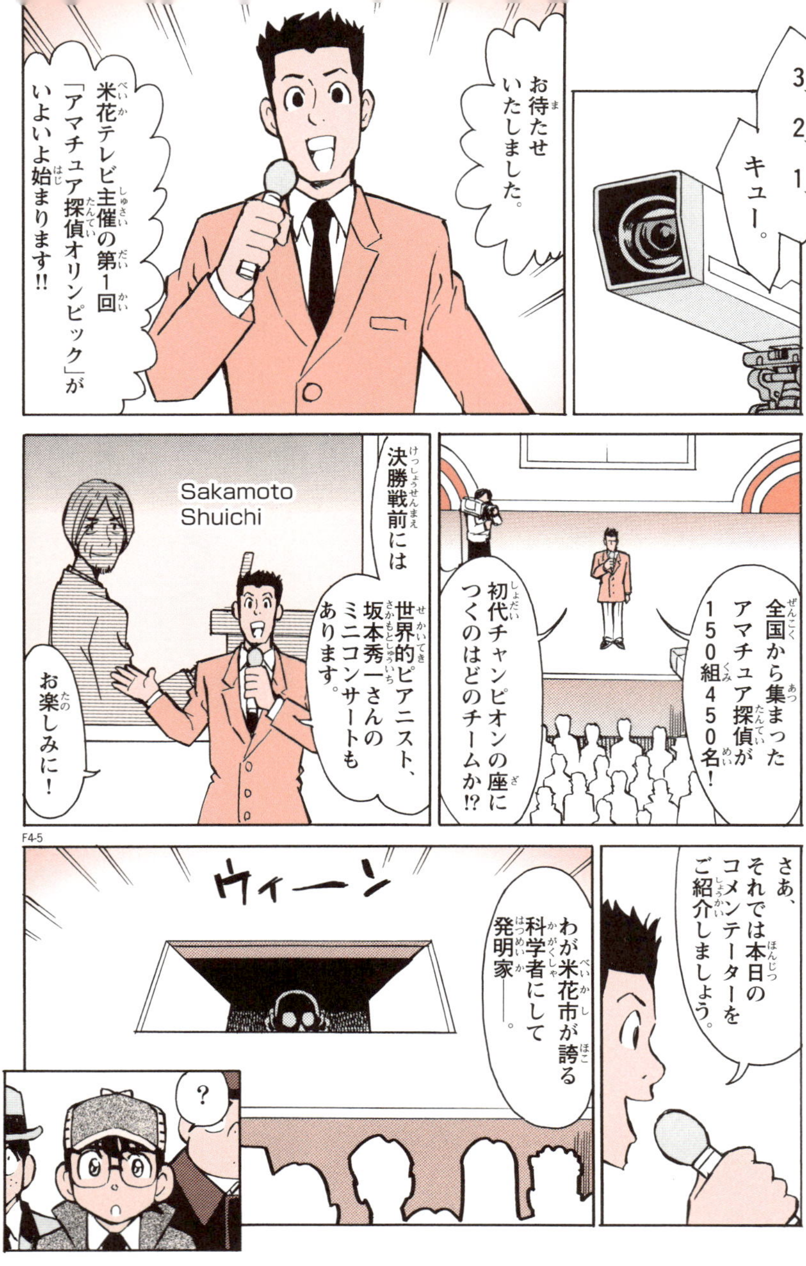
3、2、1、キュー。
お待《ま》たせいたしました。
米花《べいか》テレビ主催《しゅさい》の第《だい》1回《かい》「アマチュア探偵《たんてい》オリンピック」がいよいよ始《はじ》まります!!
全国《ぜんこく》から集《あつ》まったアマチュア探偵《たんてい》が150組《くみ》450名《めい》!
初代《しょだい》チャンピオンの座《ざ》につくのはどのチームか!?
決勝戦前《けっしょうせんまえ》には
世界的《せかいてき》ピアニスト、坂本秀一《さかもとしゅういち》さんのミニコンサートもあります。
Sakamoto Shuichi
お楽《たの》しみに!
F4-5
さあ、それでは本日《ほんじつ》のコメンテーターをご紹介《しょうかい》しましょう。
わが米花市《べいかし》が誇《ほこ》る科学者《かがくしゃ》にして発明家《はつめいか》――。
ウィーーン
?

阿笠博士《あがさはかせ》の登場《とうじょう》です！
阿笠博士《あがさはかせ》
新一《しんいち》の隣《となり》に住《す》む発明家《はつめいか》。コナンが新一《しんいち》だと知《し》っていて、さまざまな探偵道具《たんていどうぐ》を開発《かいはつ》してくれる！
姿《すがた》が見《み》えないと思《おも》ったら、あんなところに！
ビックリしましたねー。
このしょーもないコスプレルールは博士《はかせ》のアイディアだな……。
F4-6
まず予選問題《よせんもんだい》で残《のこ》り4チームまでしぼりこみます。
三択問題《さんたくもんだい》を出《だ》すから、自分《じぶん》が選《えら》んだ答《こた》えのサークルまで制限時間内《せいげんじかんない》に走《はし》っていくのじゃ。
そして、本日《ほんじつ》の出題《しゅつだい》をお願《ねが》いしますのは——
ガリレオ工房《こうぼう》理事長《りじちょう》の滝川洋二《たきかわようじ》先生《せんせい》です。
探偵《たんてい》の基本《きほん》は科学的《かがくてき》な捜査《そうさ》とちみつな観察《かんさつ》！
みなさんと科学《かがく》の知識《ちしき》を競《きそ》いましょう。

それでは第《だい》1問《もん》。
ディスプレイをご覧《らん》ください。
ある資産家《しさんか》が亡《な》くなり——
タンスの引《ひ》き出《だ》しから遺言状《ゆいごんじょう》が見《み》つかりました。
その遺言状《ゆいごんじょう》には次男《じなん》の二郎《じろう》に全財産《ぜんざいさん》をゆずると書《か》かれていたのですが——
長男《ちょうなん》太郎《たろう》
次男《じなん》二郎《じろう》
勘当《かんどう》されたも同然《どうぜん》のお前《まえ》に、親父《おやじ》が遺産《いさん》を残《のこ》すはずがない！
——と、
長男《ちょうなん》の太郎《たろう》は遺言状《ゆいごんじょう》が二郎《じろう》の偽造《ぎぞう》だと主張《しゅちょう》。
私立探偵《しりつたんてい》をやとって、遺言状《ゆいごんじょう》の鑑定《かんてい》を依頼《いらい》しました。

F4-7

うーむ。お父上《ちちうえ》が生前《せいぜん》、太郎《たろう》さんに出《だ》した絵葉書《えはがき》と遺言状《ゆいごんじょう》を比《くら》べてみましたが、
筆《ひっ》せきは見分《みわ》けがつきませんな。
ただし！ 2つを見比《みくら》べると万年筆《まんねんひつ》の黒《くろ》インクが微妙《びみょう》にちがう。
確《たし》か生前《せいぜん》、お父上《ちちうえ》は船乗《ふなの》り社《しゃ》のインクを愛用《あいよう》されていたはず。
筆《ひっ》せきはうまく父親《ちちおや》の字《じ》に似《に》せたものの……
二郎《じろう》はきっと、使《つか》い慣《な》れた自分《じぶん》の万年筆《まんねんひつ》でニセの遺言状《ゆいごんじょう》を書《か》いたにちがいない——と探偵《たんてい》は……
二郎《じろう》が胸《むね》ポケットにさしていた愛用《あいよう》の万年筆《まんねんひつ》を借《か》り——
F4-8
ある物《もの》を使《つか》って、遺言状《ゆいごんじょう》が二郎《じろう》によるニセモノであることを明《あき》らかにしてみせました。
その「ある物《もの》」とは？
次《つぎ》のA《エー》、B《ビー》、C《シー》から一《ひと》つ選《えら》んでください。
Ⓐライター
Ⓑかい中《ちゅう》電灯《でんとう》
Ⓒコップの水《みず》

オレはA《エー》のライターだと思《おも》うな。きっとあぶり出《だ》しか何《なに》かのトリックだろ？
なんで遺言状《ゆいごんじょう》にあぶり出《だ》しが？
まだ分《わ》かんね～だろ。
きっとB《ビー》のかい中電灯《ちゅうでんとう》ですよ。裏《うら》から光《ひかり》を当《あ》てて、透《す》かして見《み》たりして……。
絶対《ぜったい》A《エー》だね。
B《ビー》ですってば。
おいおい、2人《ふたり》とも。
証明《しょうめい》しなきゃいけないのは、黒《くろ》いインクの成分《せいぶん》のちがいなんだから――
答《こた》えはC《シー》だ。
えー。
水《みず》ですか？
時間《じかん》がない！C《シー》エリアまで走《はし》るぞ。
待《ま》てよ、コナン。
ダダッ
F4-9

ブーーッ
タイムアーップ!
A《エー》、B《ビー》、C《シー》のサークルの中《なか》にいないチームは、この時点《じてん》で失格《しっかく》です!
ワイワイ
ガヤガヤ
ふー、なんとか間《ま》に合《あ》ったな。
ほんとにC《シー》でだいじょうぶなのか?
F4-10
滝川先生《たきかわせんせい》、正解《せいかい》は?
C《シー》のコップの水《みず》です。
ワーッ
ワー
やった!
どんなもんだい!!
……。
それでは解説《かいせつ》を阿笠博士《あがさはかせ》にお願《ねが》いします。
うむ。
かんたんなことじゃ。
この探偵《たんてい》はペーパークロマトグラフィによる検査《けんさ》を行《おこな》ったんじゃよ。
ペーパークロマトグラフィ?

万年筆《まんねんひつ》や水性《すいせい》ペンの黒《くろ》いインクは、実《じつ》はいくつかの色《いろ》を混《ま》ぜて作《つく》られておることが多《おお》い。
どの色《いろ》がどれだけ混《ま》ざっておるかはメーカーによって異《こと》なるが――
こんなふうに紙《かみ》の端《はし》を水《みず》に浸《つ》け、インクをにじませると……
じょじょに色《いろ》が分《わ》かれていき、黒《くろ》いインクの成分《せいぶん》が見《み》えるようになるんじゃ。
つまり、下《した》のような3つのサンプルを用意《ようい》して、それぞれにペーパークロマトグラフィを行《おこな》えば――
二郎にゆずること
①遺言状《ゆいごんじょう》の一部《いちぶ》を切《き》り取《と》った紙片《しへん》
②二郎《じろう》の万年筆《まんねんひつ》のインク
③亡《な》き資産家《しさんか》が愛用《あいよう》していた万年筆《まんねんひつ》のインク
①の遺言状《ゆいごんじょう》は③ではなく、二郎《じろう》の万年筆《まんねんひつ》である②によって書《か》かれたことが分《わ》かるわけじゃな。
①
二郎にゆずること
②
③
正解《せいかい》はC《シー》、コップの水《みず》でした。
不正解《ふせいかい》だったA《エー》、B《ビー》のグループは退場《たいじょう》です。

4-11

滝川先生《たきかわせんせい》、次《つぎ》の問題《もんだい》をお願《ねが》いします。
第《だい》2問《もん》は――
ある犯罪組織《はんざいそしき》がニセ札《さつ》を造《つく》っているとの情報《じょうほう》を得《え》た警察《けいさつ》が、一味《いちみ》のアジトであるディスコに踏《ふ》みこんだものの……
警察《けいさつ》の動《うご》きを事前《じぜん》に察知《さっち》した組織《そしき》によって、ニセ札《さつ》を造《つく》るパソコンなどはこわされており――
証拠《しょうこ》となるのは、ジュラルミンケースに詰《つ》められた札束《さつたば》だけでした。
しかし、そのニセ札《さつ》は透《す》かしまで入《はい》っているとても精巧《せいこう》なもので――
10000
EF12345B
日本銀行券
壱万円
……
どう見《み》ても本物《ほんもの》だ。
当《あ》たり前《まえ》じゃないですか。本物《ほんもの》のお金《かね》なんですから。

F4-12

刑事《けいじ》さん、私《わたし》たちはこれから大切《たいせつ》な取引《とりひき》があるんです。
証拠《しょうこ》がなければ、この金《かね》を持《も》って行《い》きたいんですがね。
くっ……。
——と、ニセ札造《さつづく》りの証拠《しょうこ》を見《み》つけることができず、
このまま犯人《はんにん》を取《と》り逃《に》がすかという危機《きき》に——
F4-13
ちょっと待《ま》った！
捜査《そうさ》に同行《どうこう》していた私立探偵《しりつたんてい》が声《こえ》をかけました。
刑事《けいじ》さん！あそこにある物《もの》を使《つか》えば、ニセ札《さつ》を見破《みやぶ》れるかもしれませんよ。
では、その探偵《たんてい》が指摘《してき》した「ある物《もの》」とは？次《つぎ》の中《なか》から選《えら》んでください。
Ⓐウイスキー
Ⓑミラーボール
Ⓒ店内《てんない》の照明《しょうめい》に使《つか》われているブラックライト

きっとA《エー》のウイスキーだぜ。
さっきの問題《もんだい》みたいに、お酒《さけ》の中《なか》にお札《さつ》を浸《ひた》すんだろ？
いえ。
ぼくはB《ビー》のミラーボールだと思《おも》います。
なんだよ〜。
たぶん……ミラーボールのキラキラした光《ひかり》を当《あ》てると、本物《ほんもの》のお札《さつ》から何《なに》かが浮《う》かんでくるのでは？
おしいぞ、光彦《みつひこ》。
でも、正解《せいかい》はC《シー》のブラックライトだな。
目《め》には見《み》えないけど、ブラックライトからは紫外線《しがいせん》という光《ひかり》が出《で》てるんだ。
紫外線《しがいせん》
暗《くら》い部屋《へや》の中《なか》でその紫外線《しがいせん》を白《しろ》いT《ティー》シャツなどに当《あ》てると、繊維《せんい》にふくまれている蛍光物質《けいこうぶっしつ》が光《ひか》って見《み》えるんだぜ。

F4-14

おれ、100円《えん》ショップで買《か》ったシークレットペンていうの持《も》ってるぜ。
ぼくも知《し》ってます!
特《とく》しゅな透明《とうめい》インクで書《か》いた文字《もじ》にライトを当《あ》てると、文字《もじ》が浮《う》かんでくるんですよね。
コナン
日本《にっぽん》のお札《さつ》にも特《とく》しゅなインクでスタンプが印刷《いんさつ》されていて——
ブラックライトの紫外線《しがいせん》を当《あ》てると、スタンプが光《ひか》って見《み》えるんだ。
なるほど!暗《くら》くした店内《てんない》でブラックライトを点《つ》けて、お札《さつ》のスタンプが光《ひか》らなければ、ニセ札《さつ》だと証明《しょうめい》できるわけですね。
そーいうこと。
さぁ、残《のこ》り時間《じかん》はあと10秒《びょう》!
カチ カチ
0:10
時間《じかん》がない。C《シー》まで走《はし》るぞ!!
おうっ!

F4-15

タイムアーップ!!
ぎりぎりセーフ!!
ドン!!
イテッ。
なんだよ、いてーな……
あっ。
だれかと思《おも》ったらキミたちですか。
正解《せいかい》はC《シー》です。
ワー
ワー
ここまでは勝《か》ち進《すす》んできてるみたいですね。
当《あ》たり前《まえ》だろ。優勝《ゆうしょう》はいただきだぜ!
ふっ、優勝《ゆうしょう》するのはぼくたち。
そして——
高校生探偵《こうこうせいたんてい》・工藤新一《くどうしんいち》よりすぐれていることを証明《しょうめい》するんだ。
たぶんその工藤《くどう》って人《ひと》、犯罪者《はんざいしゃ》におじけづいて姿《すがた》を隠《かく》してるのよ。
実《じつ》は腰抜《こしぬ》け探偵《たんてい》なんだな。
ムカムカ
シロート相手《あいて》に遊《あそ》び半分《はんぶん》のつもりだったけど……
光彦《みつひこ》、元太《げんた》!
これからは本気《ほんき》で優勝《ゆうしょう》を狙《ねら》うぞ!!
おうっ!

F4-16

コナンと実験！

ペーパークロマトグラフィ

水性《すいせい》ペンの黒《くろ》インクに隠《かく》された色《いろ》の成分《せいぶん》を調《しら》べてみよう！

用意《ようい》するもの

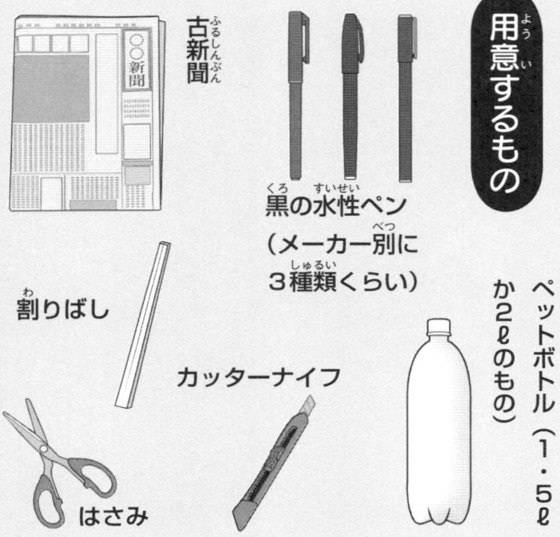

古新聞《ふるしんぶん》
新聞
黒《くろ》の水性《すいせい》ペン（メーカー別《べつ》に3種類《しゅるい》くらい）
ペットボトル（1・5ℓか2ℓのもの）
割《わ》りばし
カッターナイフ
はさみ

①古新聞《ふるしんぶん》で短冊《たんざく》を作《つく》る

新聞紙《しんぶんし》の文字《もじ》が印刷《いんさつ》されていない部分《ぶぶん》をはさみで切《き》って、幅《はば》1〜2㎝の短冊《たんざく》を水性《すいせい》ペンの数《かず》だけ作《つく》る。短冊《たんざく》の長《なが》さは、割《わ》りばしくらいにそろえておこう。

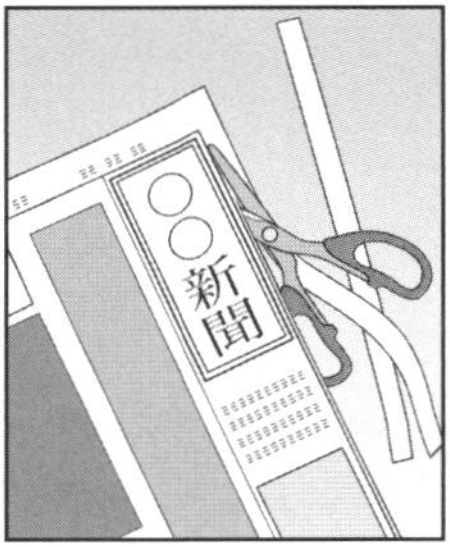

新聞

②水性《すいせい》ペンで黒《くろ》い丸《まる》を書《か》く

短冊《たんざく》の下《した》から2㎝くらいの所《ところ》に、水性《すいせい》ペンで濃《こ》い丸《まる》を書《か》く。あとで分《わ》かるように、短冊《たんざく》の上《うえ》の方《ほう》には水性《すいせい》ペンのメーカー名《めい》を書《か》いておこう。

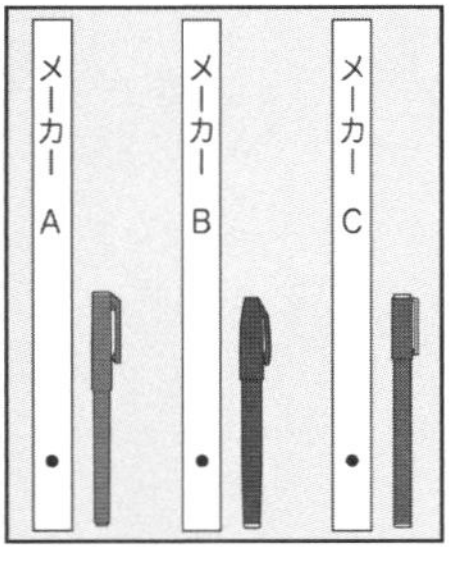

メーカーC
メーカーB
メーカーA

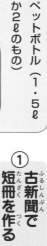

③ ペットボトルをカッターで切《き》る

空《から》になったペットボトルの上《うえ》の方《ほう》を、カッターナイフで切《き》り取《と》る（カッターや切《き》り口《くち》でケガをしないように注意《ちゅうい》!）。切《き》り取《と》ったら、底《そこ》から2〜3㎝くらいまで水《みず》を入《い》れておこう。

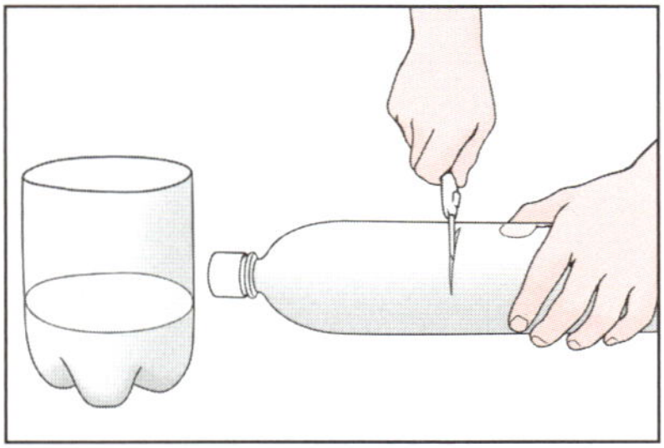

④ 短冊《たんざく》の長《なが》さを調節《ちょうせつ》する

図《ず》のように短冊《たんざく》を割《わ》りばしにはさみ、下《した》が1㎝くらい水《みず》につかるように、長《なが》さを調節《ちょうせつ》しよう。短冊《たんざく》が落《お》ちてしまう場合《ばあい》は、割《わ》りばしにセロハンテープを巻《ま》きつけるといいよ。

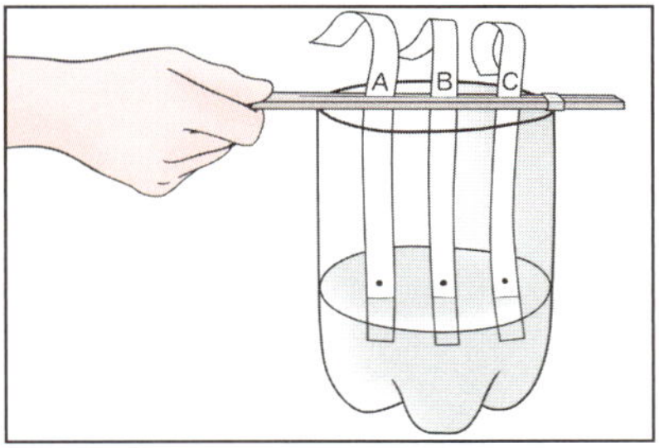

⑤ にじんだ色《いろ》を観察《かんさつ》しよう

短冊《たんざく》が水《みず》を吸《す》い上《あ》げるのにつれて、黒《くろ》い丸《まる》がいくつかの色素《しきそ》に分《わ》かれていく。30分《ぷん》くらいしたら短冊《たんざく》を取《と》り出《だ》し、かわかそう。メーカーによって、色《いろ》の成分《せいぶん》にちがいはあっただろうか?

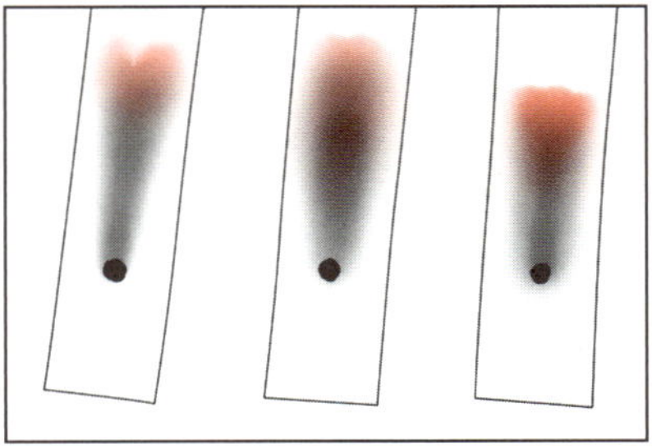

なぜ色素《しきそ》が分《わ》かれるの?

水性《すいせい》ペンの黒《くろ》インクが実《じつ》はいろいろな色素《しきそ》を混《ま》ぜて作《つく》られていることや、色素《しきそ》の割合《わりあい》がメーカーによって異《こと》なることは、もう分《わ》かったよね（製品《せいひん》によって、黒《くろ》い色素《しきそ》だけを用《もち》いている場合《ばあい》もあるよ）。では、短冊《たんざく》を水《みず》につけると、なぜ色素《しきそ》が分《わ》かれていくのだろう?

紙《かみ》が水《みず》を吸《す》い上《あ》げると黒《くろ》インクの色素《しきそ》が水《みず》に溶《と》け、水《みず》と一緒《いっしょ》に紙《かみ》をのぼり始《はじ》める。この時《とき》、紙《かみ》となじみやすい色素《しきそ》はゆっくりと、紙《かみ》になじまない色素《しきそ》は上《うえ》へ上《うえ》へと速《はや》くのぼっていくから、色素《しきそ》が分《わ》かれるんだよ。

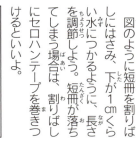

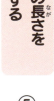

コナンと実験！

真実《しんじつ》を照《て》らすブラックライト

ふだんは目《め》に見《み》えないものをブラックライトで観察《かんさつ》してみよう！

用《よう》意《い》するもの

ブラックライト

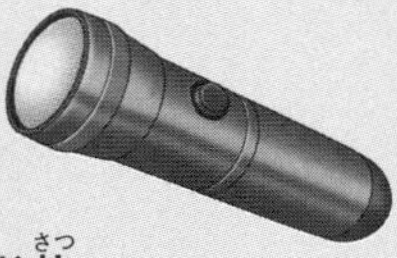

お札《さつ》

配達《はいたつ》されたハガキ

トニックウォーターや栄養《えいよう》ドリンク

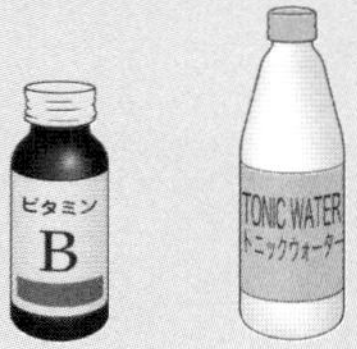

ガラスのコップ

クレジットカード

① ブラックライトを手《て》に入《い》れよう

例《たと》えば、かい中電灯型のLEDブラックライトは小《ちい》さなものでも2000円《えん》以上《いじょう》するので、おとなの人《ひと》に相談《そうだん》して買《か》おう。通販《つうはん》などで買《か》うことができるよ。

② 白《しろ》いシャツや歯《は》にライトを当《あ》てよう

暗《くら》い部屋《へや》の中《なか》で、白《しろ》いシャツや歯《は》にブラックライトの光《ひかり》を当《あ》て、どんなふうに光《ひか》るか確《たし》かめる。次《つぎ》に、用意《ようい》したハガキなどに光《ひかり》を当《あ》てて観察《かんさつ》しよう。

ブラックライトでこんなものが光《ひか》る！

クレジットカードの模様《もよう》

表面《ひょうめん》に見《み》えない模様《もよう》が印刷《いんさつ》されている。カード会社《がいしゃ》ごと《ごと》異なるマークが浮《う》かび上《あ》がるよ。

お札《さつ》のスタンプなど

ニセ札《さつ》が作《つく》られることを防《ふせ》ぐため、新《あたら》しいお札《さつ》のスタンプなどには特《とく》しゅなインクが使《つか》われている。

トニックウォーターや栄養《えいよう》ドリンク

栄養《えいよう》ドリンクの場合《ばあい》は、ビタミンB2が含《ふく》まれているとブラックライトに反応《はんのう》して光《ひか》るんだ。

ハガキのバーコード

郵便局《ゆうびんきょく》ではバーコード化《か》された郵便《ゆうびん》番号《ばんごう》などを機械《きかい》が読《よ》み取《と》り、自動《じどう》で仕分《しわ》けしているんだ。

ブラックライトってなんだろう？

虹《にじ》の光《ひかり》として見《み》える赤《あか》から紫《むらさき》までの光線《こうせん》のほか、実《じつ》は人間《にんげん》の目《め》では見《み》ることができない光線《こうせん》もある。その代表的《だいひょうてき》なものが、電気《でんき》ストーブなどに使《つか》われている赤外線《せきがいせん》。一方《いっぽう》、ブラックライトから出《で》ているのは紫外《しがい》線《せん》という光線《こうせん》で、蛍光《けいこう》インクなどは、この紫外線《しがいせん》に反《はん》応《のう》して光《ひか》っているんだ。

紫外線《しがいせん》は目《め》に良《よ》くないので、ブラックライトを長《ちょう》時間《じかん》見《み》つめないようにしよう。あと「ブラックランプ」という製品《せいひん》もあるけど、紫《し》外線量《がいせんりょう》が少《すく》ないので、今回《こんかい》の実験《じっけん》には不向《ふむ》きだよ。

F5-1

FILE《ファイル》 5

はいきょビルからの脱出《だっしゅつ》!!

数《かず》かずの難問《なんもん》をクリアした4チームが準決勝戦《じゅんけっしょうせん》に進出《しんしゅつ》――。
初代《しょだい》チャンピオンの座《ざ》をめざして、コナンの推理《すいり》がさえ渡《わた》る!!

まずは
ザ・ハード
ボイルド!!
ワー
2組目《くみめ》は
ワールド探偵《たんてい》クラブ。
ワー
3組目《くみめ》は、
小学生《しょうがくせい》ながら大健闘《だいけんとう》!
小若小学校《こじゃくしょうがっこう》の少年科学《しょうねんかがく》
探偵団《たんていだん》!
そして
最後《さいご》は、
驚《おどろ》きの小学《しょうがく》一年生《ねんせい》!
帝丹小学校《ていたんしょうがっこう》の
少年探偵団《しょうねんたんていだん》!!
ワー
ここからは2チームずつ
対戦《たいせん》しての勝《か》ち抜《ぬ》き戦《せん》と
なります。
Ⓐブロック
ザ・ハード
ボイルド
少年探偵団
チャンピオン
ワールド
探偵クラブ
Ⓑブロック
少年科学探偵団
組《く》み合《あ》わせは
この表《ひょう》の通《とお》り。
2回《かい》勝《か》てば、晴《は》れて
チャンピオンじゃ。

F5-2

それではまずAブロックの対戦《たいせん》！
滝川先生《たきかわせんせい》、問題《もんだい》をどうぞ。
はい。ディスプレイをご覧《らん》ください。
この問題《もんだい》の主人公《しゅじんこう》は少年探偵《しょうねんたんてい》の小林《こばやし》くん。
小林少年《こばやししょうねん》はある事件《じけん》を追《お》っていましたが——
油断《ゆだん》したすきに、犯人一味《はんにんいちみ》にうしろからおそわれて
ガッ
ぐぁ！
気絶《きぜつ》——。
気《き》づいたのは、ひと気《け》のないはいきょビルの一室《いっしつ》でした。
う……うう。
……ここは？

F5-3

いてっ。
ズキッ
やつらにおそわれた時《とき》、ヒザを打《う》ったのか……。
ズキズキ
この無人《むじん》のビルはかつて病院《びょういん》だったようです。小林少年《こばやししょうねん》は部屋《へや》の中《なか》で古《ふる》い松葉《まつば》づえとボロボロのガーゼを見《み》つけましたが……。
やっぱりカギがかかってる……。
ガチャガチャ
F5-4
あとは、あの明《あ》かり採《と》りの窓《まど》があるだけ……。
ブローん
!!
窓《まど》の外《そと》を車《くるま》が飛《と》んでる！

いや、ちがう……。
ここは半地下《はんちか》の部屋《へや》で、こんなふうになってるんだ。
ガタ
ガタ
小林少年《こばやししょうねん》にとって幸運《こううん》だったのは、窓《まど》のカギがこわれていて押《お》せば開《ひら》く状態《じょうたい》になっていたことでした。しかし——
身長《しんちょう》140cm《センチ》の小林少年《こばやししょうねん》がどんなに手《て》をのばしても、窓枠《まどわく》までは40cm《センチ》の高《たか》さがあり——
40cm《センチ》
く……届《とど》かない。
ヒザをケガしているのでジャンプすることもできず、ガーゼもボロボロで使《つか》い物《もの》にはなりませんでした。
だれかいませんかー!?
窓《まど》の外《そと》には、時《とき》おり車《くるま》が通《とお》り過《す》ぎるだけで、人通《ひとどお》りはありませんでした。

F5-5

一味《いちみ》のヤツらが戻《もど》ってくる前《まえ》になんとかしなきゃ。
——と、小林少年《こばやししょうねん》が部屋《へや》の中《なか》を探《さが》した結果《けっか》、ほかにこんな物《もの》を見《み》つけました。
紙《かみ》コップ×30個《こ》
紙コップ
紙コッ
クリップボード×5枚《まい》
では、ここで問題《もんだい》です。
紙《かみ》コップとクリップボードを使《つか》って、小林少年《こばやししょうねん》を窓《まど》から脱出《だっしゅつ》させてください。
準決勝《じゅんけっしょう》は早押《はやお》し問題《もんだい》じゃ。ボタンを早《はや》く押《お》したチームが先《さき》に答《こた》えられるぞ。
それではシンキングタイム、スタート!!
少年

F5-6

おれ、もう答《こた》えが分《わ》かったぞ。
え？どうやって脱出《だっしゅつ》するんですか？
こんなふうに紙《かみ》コップを踏《ふ》み台《だい》にすりゃいいんだろ？
グシャ
でも、紙《かみ》コップがつぶれてしまうんじゃ？
だったら何個《なんこ》も重《かさ》ねりゃいーだろ!!
それならいけそうですね。
F-5-7
ボタン押《お》すぞ。
いや、ちょっと待《ま》ってくれ。
早《はや》くしないと……。
ザ・ハードボイルド
ポーン
アーッ、先《さき》を越《こ》されちゃいましたよ。

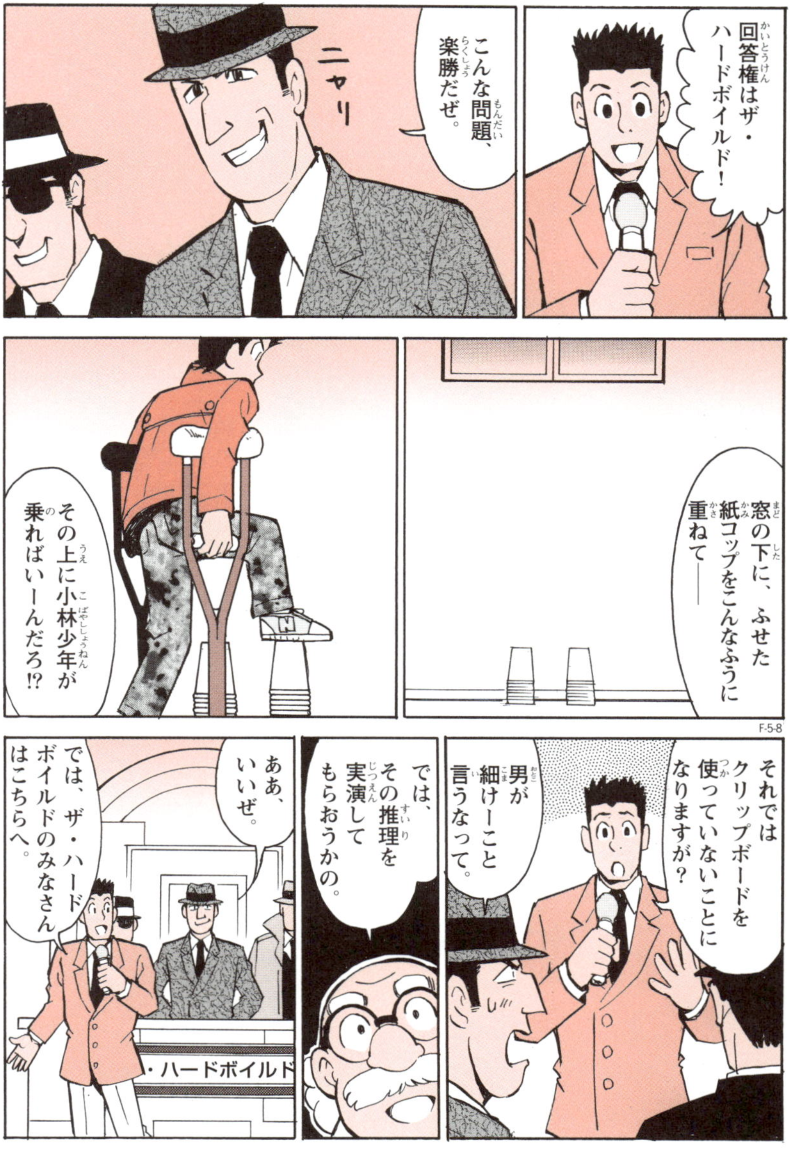
回答権《かいとうけん》はザ・ハードボイルド！
ニヤリ
こんな問題《もんだい》、楽勝《らくしょう》だぜ。
窓《まど》の下《した》に、ふせた紙《かみ》コップをこんなふうに重《かさ》ねて——
その上《うえ》に小林少年《こばやししょうねん》が乗《の》ればいーんだろ!?
それではクリップボードを使《つか》っていないことになりますが？
男《おとこ》が細《こま》けーこと言《い》うなって。
では、その推理《すいり》を実演《じつえん》してもらおうかの。
ああ、いいぜ。
では、ザ・ハードボイルドのみなさんはこちらへ。
・ハードボイルド

F-5-8

こちらのセットでどうぞ。
おい、どーすんだよ。
心配《しんぱい》しないで見《み》てろって。
紙《かみ》コップは30個《こ》。15個《こ》ずつ2山《やま》に分《わ》けると……
ちょっと低《ひく》いか。
じゃあこれならどーだ!
ほう。30個《こ》全部《ぜんぶ》を一《ひと》つに重《かさ》ねたか。
F5-9
じゃが、その上《うえ》に乗《の》ることができるかな?
まかせときな。
まずは松葉《まつば》づえで体《からだ》を支《ささ》えて……。

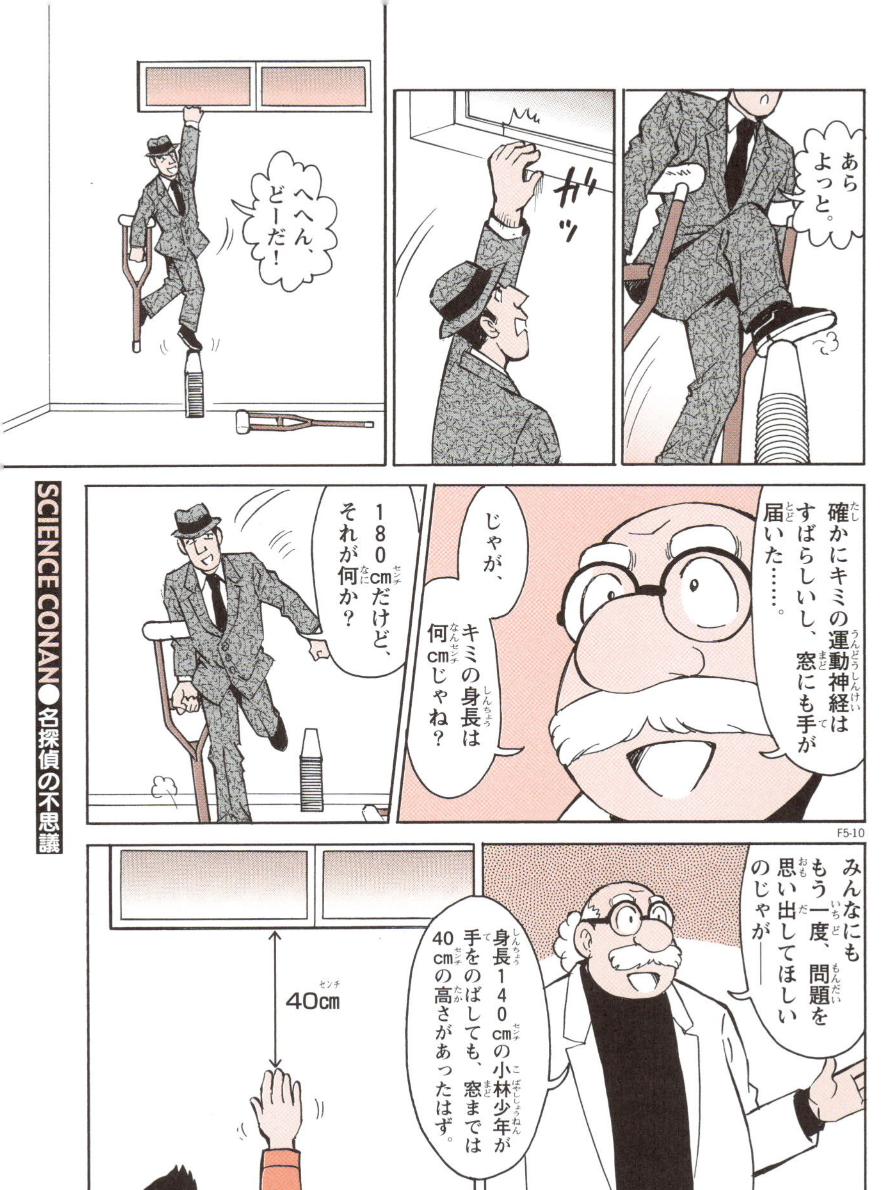

あら よっと。
ガッ
へへん、どーだ!
確《たし》かにキミの運動神経《うんどうしんけい》はすばらしいし、窓《まど》にも手《て》が届《とど》いた……。
じゃが、キミの身長《しんちょう》は何cm《なんセンチ》じゃね?
180cm《センチ》だけど、それが何《なに》か?
みんなにももう一度《いちど》、問題《もんだい》を思《おも》い出《だ》してほしいのじゃが——
身長《しんちょう》140cm《センチ》の小林少年《こばやししょうねん》が手《て》をのばしても、窓《まど》までは40cm《センチ》の高《たか》さがあったはず。
40cm《センチ》

F5-10

ところが——
この紙《かみ》コップは30個《こ》重《かさ》ねても、高《たか》さは22cm《センチ》足《た》らず。
22cm《センチ》
キミは背《せ》が高《たか》いから手《て》が届《とど》いたが……
小林少年《こばやししょうねん》が脱出《だっしゅつ》するのはムリですね。
く、くそ。
今度《こんど》は帝丹小《ていたんしょう》の少年探偵団《しょうねんたんていだん》!
ポ〜ン
少年探偵団
こんなふうに紙《かみ》コップを並《なら》べればいいんだよ。
やっぱガキだな。
げらげら
こんなんじゃつぶれるに決《き》まってるじゃんか。
このまま上《うえ》に乗《の》ったらね。
でも……
紙《かみ》コップの上《うえ》にクリップボードを置《お》くと——。

F5-11

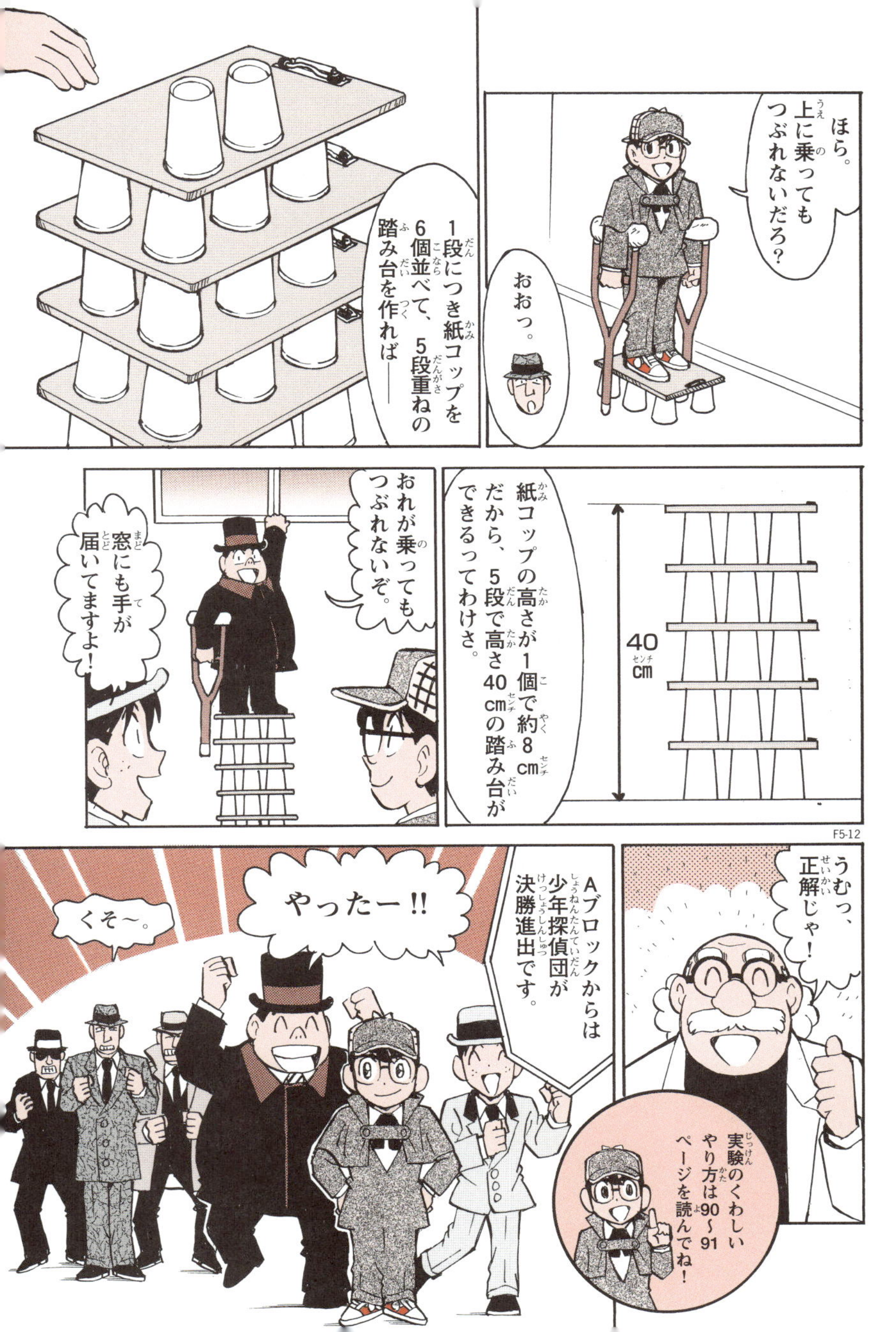
ほら。上《うえ》に乗《の》ってもつぶれないだろ？
おおっ。
1段《だん》につき紙《かみ》コップを6個《こ》並《なら》べて、5段重《だんがさ》ねの踏《ふ》み台《だい》を作《つく》れば――
紙《かみ》コップの高《たか》さが1個《こ》で約《やく》8cm《センチ》だから、5段《だん》で高《たか》さ40cm《センチ》の踏《ふ》み台《だい》ができるってわけさ。
40cm《センチ》
おれが乗《の》ってもつぶれないぞ。
窓《まど》にも手《て》が届《とど》いてますよ！
F5-12
うむっ、正解《せいかい》じゃ！
実験《じっけん》のくわしいやり方《かた》は90～91ページを読《よ》んでね！
Aブロックからは少年探偵団《しょうねんたんていだん》が決勝進出《けっしょうしんしゅつ》です。
やったー!!
くそ～。

コナンと実験《じっけん》!

紙《かみ》コップの踏《ふ》み台《だい》で脱出《だっしゅつ》!!

小林少年《こばやししょうねん》が脱出《だっしゅつ》に使《つか》った紙《かみ》コップの踏《ふ》み台《だい》をキミも作《つく》ってみよう!

用意《ようい》するもの

カッターナイフ

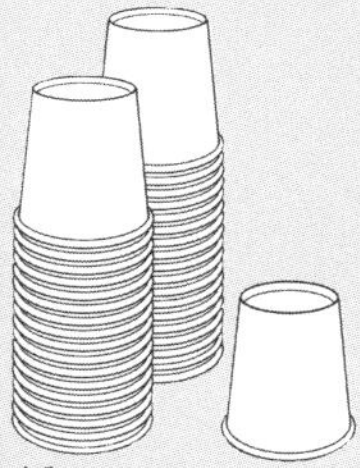

紙《かみ》コップ× 36 個《こ》

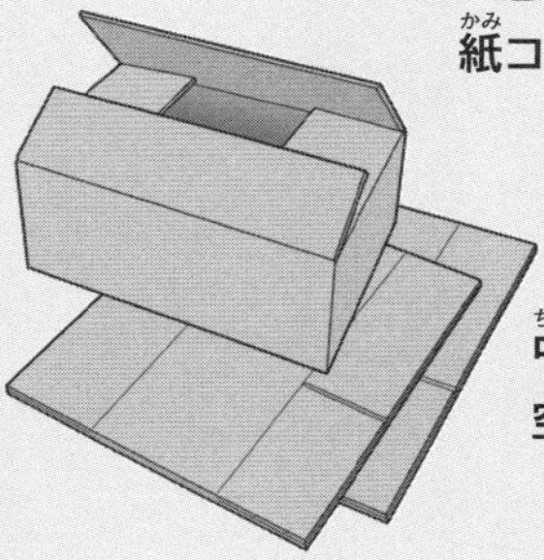

中型《ちゅうがた》のダンボールの空《あ》き箱《ばこ》×3つ

① 紙《かみ》コップの上《うえ》に乗《の》ってみよう

紙《かみ》コップ6個《こ》を2列《れつ》に並《なら》べて、そっと乗《の》ってみよう。体重《たいじゅう》が軽《かる》ければ立《た》つことはできるが、少《すこ》しでもバランスをくずすと、とたんにつぶれてしまうはずだ。

② ダンボールの板《いた》を用意《ようい》する

工作用《こうさくよう》のカッターナイフを使《つか》って、ダンボールの図《ず》の部分《ぶぶん》を切《き》りはなし、踏《ふ》み板《いた》を作《つく》る（ケガをしないように注意《ちゅうい》!）。全部《ぜんぶ》で5枚《まい》、用意《ようい》しよう。

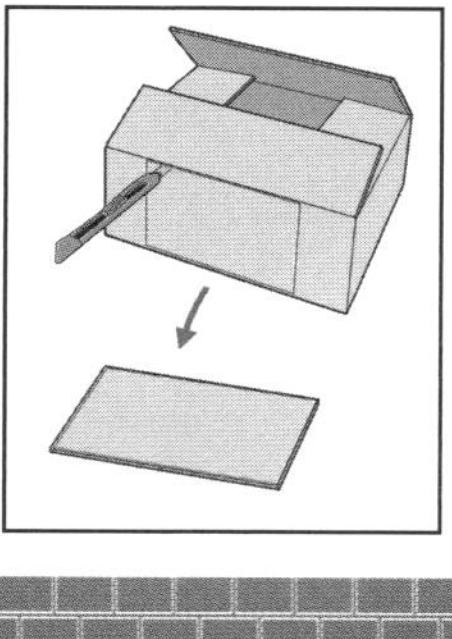

③ まず1段《だん》の踏《ふ》み台《だい》を作《つく》る

先《さき》ほどと同《おな》じように、紙《かみ》コップ6個《こ》を2列《れつ》に並《なら》べ、踏《ふ》み板《いた》を1枚《まい》のせる。イスやテーブルなどの支《ささ》えに手《て》をついて、そっと上《うえ》に乗《の》ろう。今度《こんど》は、紙《かみ》コップがつぶれないはずだ。

④ 5段重《だんがさ》ねの踏《ふ》み台《だい》を作《つく》る

1段目《だんめ》と同《おな》じように、紙《かみ》コップ6個《こ》とダンボールの踏《ふ》み板《いた》を重《かさ》ねていき、全部《ぜんぶ》で5段《だん》の踏《ふ》み台《だい》を作《つく》る。これで小林少年《こばやししょうねん》が作《つく》ったのと同《おな》じ、高《たか》さ約《やく》40㎝の踏《ふ》み台《だい》が完成《かんせい》だ。

⑤ 踏《ふ》み台《だい》にそっと乗《の》ってみよう

おとなの人《ひと》にかかえてもらって、真上《まうえ》から少《すこ》しずつ体重《たいじゅう》をかけて踏《ふ》み台《だい》に乗《の》ろう。紙《かみ》コップの踏《ふ》み台《だい》でも、キミの体重《たいじゅう》を支《ささ》えてくれるはずだ。降《お》りる時《とき》も、おとなの人《ひと》に支《ささ》えてもらおう。

紙《かみ》コップの踏《ふ》み台《だい》がつぶれない理由《りゆう》

紙《かみ》コップはそもそも、たった1個《こ》で約《やく》20㎏の重《おも》さを支《ささ》えることができる。それなのに、紙《かみ》コップに直《ちょく》接《せつ》乗《の》るとつぶれてしまうのは、つま先側《さきがわ》とかかと側《がわ》では体重《たいじゅう》のかかり方《かた》が異《こと》なるし、バランスが悪《わる》く、上《うえ》から真《ま》っ直《す》ぐ力《ちから》をかけることができないからだ。

ところが、紙《かみ》コップの上《うえ》に踏《ふ》み板《いた》を置《お》くと、乗《の》ることができた。これは、踏《ふ》み板《いた》を置《お》くことによって、6個《こ》の紙《かみ》コップに重《おも》さが等《ひと》しく分散《ぶんさん》されたうえ、上《うえ》から真《ま》っ直《す》ぐ力《ちから》がかかるようになったからなんだ。

キミも実験《じっけん》!

長《なが》さと強《つよ》さの不思議《ふしぎ》な関係《かんけい》

スパゲッティの乾《かん》めんの長《なが》さを短《みじか》くしていくと……?

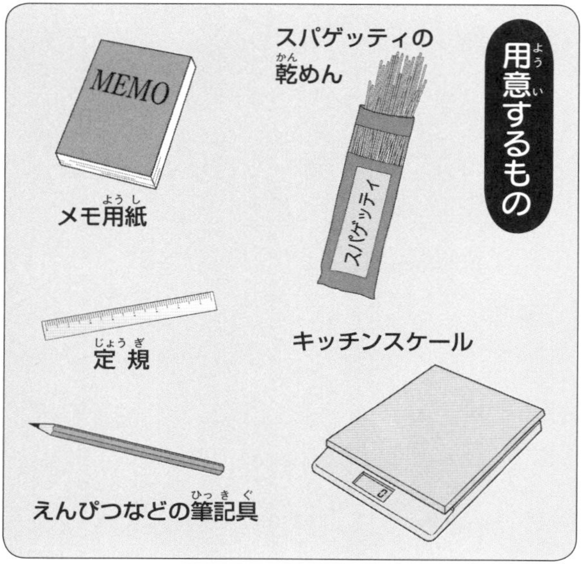
用意《ようい》するもの
スパゲッティの乾《かん》めん
スパゲッティ
MEMO
メモ用紙《ようし》
定規《じょうぎ》
キッチンスケール
えんぴつなどの筆記具《ひっきぐ》

① 立《た》てた乾《かん》めんを指《ゆび》でおす

袋《ふくろ》から出《だ》したスパゲッティの乾《かん》めんを1本《ぽん》、キッチンスケールの上《うえ》に立《た》てて、人《ひと》さし指《ゆび》で真《ま》っ直《す》ぐ下《した》におしていく。ゆっくりと力《ちから》を加《くわ》えていこう。

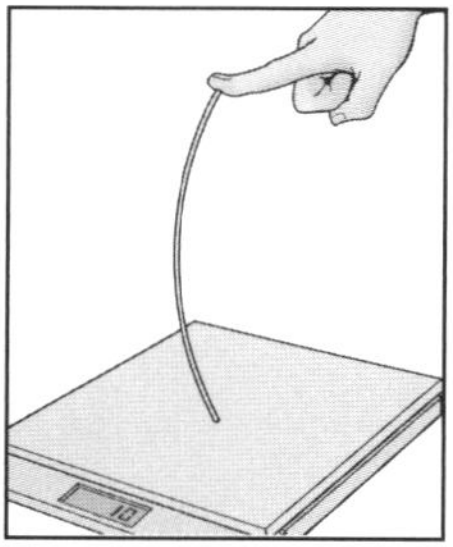

② めんが折《お》れた時《とき》のグラムを記録《きろく》する

めんが折《お》れた時《とき》に、キッチンスケールが何《なん》グラムを表示《ひょうじ》していたか紙《かみ》に書《か》きとめておこう。つまりこれが、めんの支《ささ》えることができた重《おも》さということだ。

パキッ

③ 乾《かん》めんを半分《はんぶん》に折《お》る

元《もと》のめんの長《なが》さを定規《じょうぎ》で計《はか》り、ちょうどその半分《はんぶん》の短《みじか》さになるように乾《かん》めんを折《お》る。残《のこ》った半分《はんぶん》も、またちょうど半分《はんぶん》の短《みじか》さになるように乾《かん》めんを折《お》って、用《よう》意《い》しておこう。

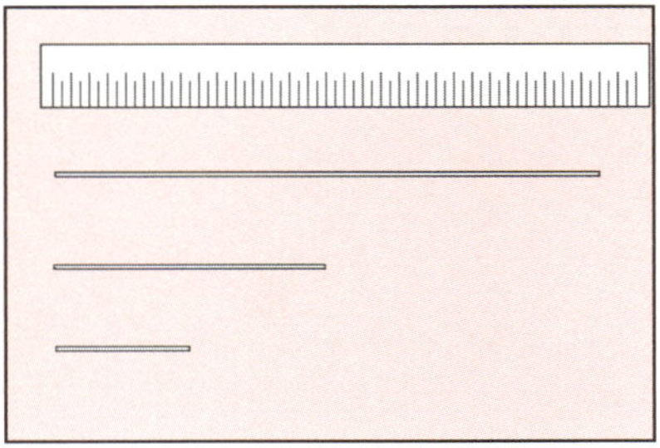

④ 半分《はんぶん》に折《お》っためんを指《ゆび》でおす

最初《さいしょ》と同《おな》じように、半分《はんぶん》に折《お》った乾《かん》めんもキッチンスケールの上《うえ》に立《た》てて、折《お》れるまで人《ひと》さし指《ゆび》でおす。さらに、その半分《はんぶん》に折《お》った乾《かん》めんも、何《なん》グラムで折《お》れるか計測《けいそく》しよう。

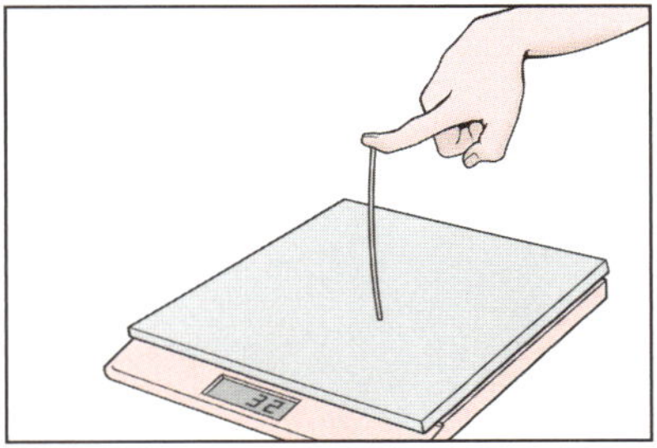

⑤ 記録《きろく》シートから分《わ》かること

1本目《ぽんめ》と同《おな》じように、2本目《ほんめ》、3本目《ぼんめ》も、乾《かん》めんの長《なが》さと何《なん》グラムで折《お》れたかを書《か》きとめておく。この記《き》録《ろく》シートの結果《けっか》を見《み》て、キミたちはどんなことを発見《はっけん》できるだろうか?

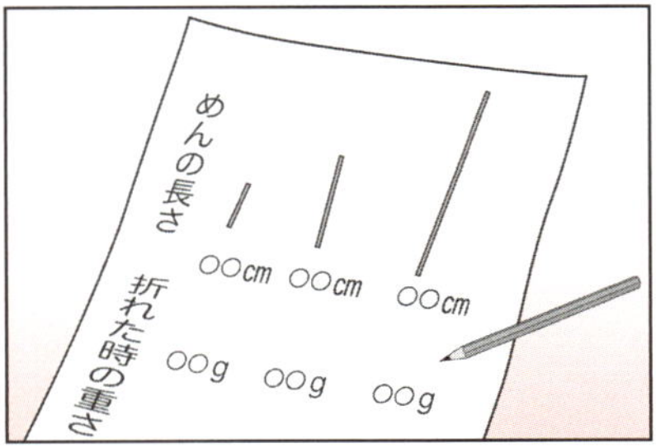

長《なが》さと強《つよ》さの関係《かんけい》

例《たと》えば、長《なが》さ30㎝のスパゲッティの乾《かん》めんが10gまでの重《おも》さにたえられたとしよう。すると、その半分《はんぶん》の長《なが》さ15㎝の乾《かん》めんは、40gまでの重《おも》さにたえられたはずだ。

つまり、太《ふと》さは同《おな》じまま長《なが》さを半分《はんぶん》にすると、重《おも》さを支《ささ》える力《ちから》は4倍《ばい》に増《ふ》える。計算上《けいさんじょう》、約《やく》1㎝の乾《かん》めんは、ほぼ10kgの重《おも》さにたえることができるんだ。試《ため》しにキミが、長《なが》さ1㎝の乾《かん》めんを上《うえ》から真《ま》っ直《す》ぐ指《ゆび》でおしたらどうなるだろう。きっと、乾《かん》めんは折《お》れず、指《ゆび》の方《ほう》が痛《いた》くなってしまうはずだよ。

キミも実験《じっけん》!

ぺらぺらな紙《かみ》がじょうぶな橋《はし》に変身《へんしん》!

スパゲッティの乾《かん》めんと同《おな》じように、紙《かみ》も折《お》り方《かた》で強《つよ》さが変《か》わるよ!

用《よう》意《い》するもの

同《おな》じ高《たか》さの机《つくえ》

(またはイス)×2

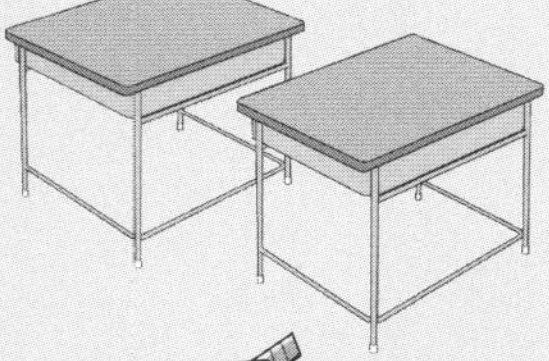

A4サイズのコピー用紙《ようし》×2枚《まい》

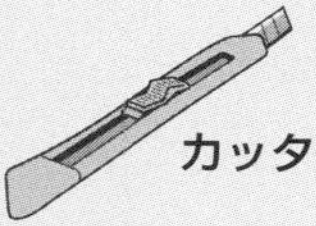

カッターナイフ

10円玉《えんだま》を50枚《まい》くらい

紙《かみ》コップ

① 紙《かみ》コップを3分《ぶん》の1に切《き》る

カッターナイフで紙《かみ》コップを輪切《わぎ》りにする。底《そこ》の方《ほう》から3分《ぶん》の1くらいの高《たか》さになるようにしよう(カッターと切《き》り口《くち》でケガをしないように注意《ちゅうい》!)。

② 同《おな》じ高《たか》さの机《つくえ》を並《なら》べる

同《おな》じ高《たか》さの机《つくえ》かイスを2つ用意《ようい》して、20㎝はなして並《なら》べる。橋《はし》をわたすようにコピー用紙《ようし》を置《お》くと、紙《かみ》がしなって、下《した》に落《お》ちてしまうことを確認《かくにん》しよう。

③コピー用紙《ようし》を2つ折《お》りにする

コピー用紙《ようし》をタテに2つ折《お》りにする。折《お》り目《め》をつけてから谷折《たにお》りの形《かたち》になるように紙《かみ》を広《ひろ》げ、机《つくえ》と机《つくえ》に橋《はし》をかけてみよう。折《お》り目《め》をつけただけで、さっきより紙《かみ》が強《つよ》くなっているよ。

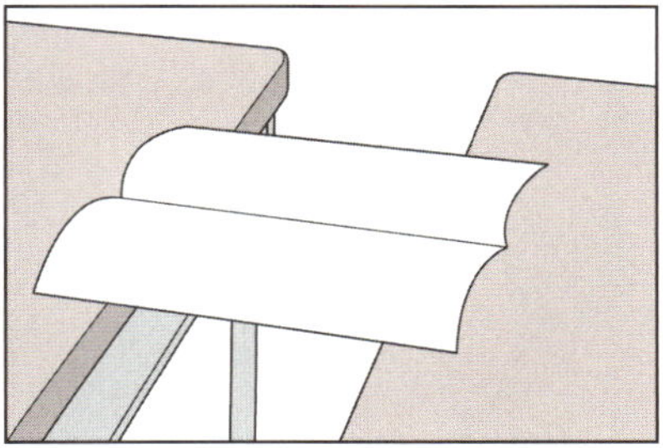

④10円玉《えんだま》入《い》りの紙《かみ》コップをのせる

紙《かみ》コップに10円玉《えんだま》を1枚《まい》入《い》れ、橋《はし》の中央《ちゅうおう》にそっとのせる。橋《はし》が落《お》ちなければ、紙《かみ》コップをいったん持《も》ち上《あ》げ、10円玉《えんだま》を足《た》してから、またのせる。何枚《なんまい》までのせられるか確《たし》かめてみよう。

⑤4つ折《お》りの紙《かみ》で橋《はし》を作《つく》る

2つ折《お》りの紙《かみ》を今度《こんど》は4つ折《お》りにする。谷折《たにお》り部分《ぶぶん》を真《ま》ん中《なか》にして橋《はし》をかけ、何枚《なんまい》まで10円玉《えんだま》をのせられるか確《たし》かめよう。2つ折《お》りの時《とき》より約《やく》10倍《ばい》も、じょうぶな橋《はし》になっているよ。

⑥丸《まる》めた紙《かみ》で橋《はし》を作《つく》る

新《あたら》しい紙《かみ》を用意《ようい》して、図《ず》のように両《りょう》はしを丸《まる》めて橋《はし》を作《つく》る。できるだけ細《ほそ》く丸《まる》めれば、10円玉《えんだま》を50枚《まい》のせてもこわれることはないだろう。キミもじょうぶな折《お》り方《かた》を考《かんが》えてみてね。

FILE《ファイル》 6

毒《どく》殺《さつ》トリックの謎《なぞ》を解《と》け!

アマチュア探偵《たんてい》オリンピックBブロックの準決勝戦《じゅんけっしょうせん》がいよいよスタート!
コナンたちのライバル、少年《しょうねん》科学《かがく》探偵団《たんていだん》の決勝進出《けっしょうしんしゅつ》は成《な》るか!?

F6-1

あの、おじさんとおばさんのチームも――
なかなか手《て》ごわそうですね〜。
おれとしては小若小《こじゃくしょう》のヤツらに勝《か》ってもらいたいんだけどな。
ああ。決勝戦《けっしょうせん》であいつらと決着《けっちゃく》つけたいよな。
滝川先生《たきかわせんせい》、問題《もんだい》をどうぞ。
では、Bブロックのみなさんにも、まず映像《えいぞう》を観《み》てもらいましょう。
パッ
おたがいに殺《ころ》したいほど憎《にく》み合《あ》っている2人《ふたり》の殺《ころ》し屋《や》の物語《ものがたり》です。
ある日《ひ》、殺《ころ》し屋《や》Aがもう1人《ひとり》の殺《ころ》し屋《や》Bを隠《かく》れ家《が》であるマンションの一室《いっしつ》に呼《よ》び出《だ》しました。
Aはあらかじめシュガーポットの中《なか》に毒《どく》を仕込《しこ》み、Bを毒殺《どくさつ》しようとたくらんでいたのです。
サラサラ
この毒入《どくい》りの砂糖《さとう》をコーヒーに入《い》れて飲《の》めば、あいつはあの世行《よい》きだ。
くっくっく

F6-2

お待《ま》ちしてましたよ。
話《はなし》ってのはなんだ？
事《こと》と次第《しだい》によっちゃ……。
チャ
おっと――。
ま、落《お》ち着《つ》いてくださいよ。
おたがいに拳銃《けんじゅう》の腕《うで》は互角《ごかく》……。
撃《う》ち合《あ》ったら2人《ふたり》とも……。
……。

こんなぶっそうな物《もの》はテーブルに置《お》いて――
ゴトッ
コーヒーでも飲《の》みながら話《はな》しましょうよ。
ふん。
ゴトッ
F6-4
ちょっと待《ま》て。
そっちのと交換《こうかん》してもらうぞ。
サッ
サッ
やれやれ、用心深《ようじんぶか》いことで。
そういえば確《たし》か甘党《あまとう》でしたよね?
じゃあ毒味役《どくみやく》として砂糖《さとう》も私《わたし》が先《さき》に……。

サラサラ
サクッ
くるくる
ズズッ
ごくっ
どうです?毒《どく》なんて入《はい》ってませんよ。
ふん。
ズッ
で、なんの用《よう》なんだ?
サラサラ
いえね……
私《わたし》たち、同《おな》じ組織《そしき》に所属《しょぞく》する殺《ころ》し屋《や》ですし——
くるくる

いがみ合《あ》って
ばかりじゃなく、
仲直《なかなお》りできない
ものかと――。
ズズッ
ムリだな。
おまえみたいに
殺《ころ》しを楽《たの》しんでる
ようなヤツは好《す》きに
なれねーんだ。
……
そうですか。
ニヤリ
私《わたし》だって、
殺《ころ》し屋《や》のくせに
正義感《せいぎかん》をふりかざす、
あなたのような人《ひと》は
きらいですから。
スッ
やはり
死《し》んでもらうことにして
正解《せいかい》でしたよ。
なに!?
うぅっ。
ダンッ
ガシャ
きさま……
やはり……毒《どく》を……。

くっくっく。
——というように、
殺《ころ》し屋《や》Aはまんまと
Bを毒殺《どくさつ》することに成功《せいこう》しました。
では、ここで問題《もんだい》です。
先《さき》に砂糖《さとう》入《い》りのコーヒーを飲《の》んだAは、なぜ無事《ぶじ》だったのでしょうか?
そして、あとから砂糖《さとう》を入《い》れてコーヒーを飲《の》んだBはなぜ死《し》んだのか?
答《こた》えが分《わ》かったチームからボタンを押《お》してください。
シンキングタイム、スタート!
おい、コナン。
答《こた》え、分《わ》かりましたか?
いや、まだ……この問題《もんだい》、けっこう難《むずか》しいぞ。

F6-7

ワールド探偵《たんてい》クラブ、答《こた》えをどうぞ。
ポ〜ンッ
ワールド探偵クラブ
ほほほっ
こんなのカンタンですわ。
シュガーポットの中《なか》に毒《どく》が仕込《しこ》まれていて——
2人《ふたり》とも砂糖《さとう》入《い》りのコーヒーを飲《の》んだのに1人《ひとり》は助《たす》かり、1人《ひとり》は死《し》んだ。
——ということは、殺《ころ》し屋《や》Aはあらかじめ解毒剤《げどくざい》を飲《の》んでいたのではありませんか?
どうでしょう、博士《はかせ》?
残念《ざんねん》ながら不正解《ふせいかい》じゃ。
答《こた》えのヒントは映像《えいぞう》の中《なか》にすべて隠《かく》されておる。
Aが解毒剤《げどくざい》を飲《の》むシーンは出《で》てこなかったじゃろ?
ええ。

F6-8

ポーンッ
おっと。今度《こんど》もワールド探偵《たんてい》クラブ。
ワールド探偵クラブ
まさかとは思《おも》うが……
Aはコーヒーを飲《の》むふりをしてただけなのでは?
ブー
それも不正解《ふせいかい》じゃ。
Aはちゃんとコーヒーを飲《の》んでおったじゃろ?
ポーンッ
年科学探偵
今度《こんど》は少年科学探偵団《しょうねんかがくたんていだん》。
答《こた》えをどうぞ。
年科学探偵団

F6-9

映像《えいぞう》を観《み》たところ、
殺《ころ》し屋《や》の2人《ふたり》は長年《ながねん》のライバルで、おたがいをよく知《し》っていましたよね？
だからAは、Bがコーヒーに必《かなら》ず砂糖《さとう》を入《い》れることを知《し》っていて、ポットに毒《どく》を仕込《しこ》んだ。
さらに、
Aは、Bが用心深《ようじんぶか》い性格《せいかく》であることも知《し》っていたはずです。
つまりAは、Bがカップの交換《こうかん》を申《もう》し出《で》ることを予測《よそく》していたはずだし――
砂糖《さとう》を入《い》れるのもコーヒーを飲《の》むのも、必《かなら》ずAに先《さき》にやらせて安全《あんぜん》を確《たし》かめてから……
逆《ぎゃく》に言《い》うと、
Aは必《かなら》ず自分《じぶん》が先《さき》に砂糖《さとう》を入《い》れることになると確信《かくしん》していたのです。

F6-10

えーと、
砂糖《さとう》を入《い》れる順番《じゅんばん》にどんな意味《いみ》があるんでしょう？
そこが、このトリックの重要《じゅうよう》なカギなんです。
まず、砂糖《さとう》をたっぷり入《い》れたシュガーポットの底《そこ》まで深《ふか》くスプーンを入《い》れておきます。
そして砂糖《さとう》の上《うえ》に、砂糖《さとう》と見分《みわ》けがつかない白《しろ》い粉状《こなじょう》の毒物《どくぶつ》を振《ふ》りかけるんです。
サラサラ
このシュガーポットの中《なか》からスプーンを真《ま》っ直《す》ぐ上《うえ》に引《ひ》き上《あ》げると――
サー
スプーンにできた砂糖《さとう》の山《やま》から毒《どく》の粉《こな》は、ほぼ完全《かんぜん》にポットの中《なか》へすべり落《お》ちてしまうんです。
パラパラ
だから、砂糖《さとう》を先《さき》にすくったAは毒《どく》を飲《の》まずにすんだのです。
F6-11

あとは表面《ひょうめん》の毒《どく》をすくうようにスプーンをポットの中《なか》に戻《もど》せば——
サク
次《つぎ》に砂糖《さとう》を入《い》れるBは、ほぼまちがいなく致死量《ちしりょう》の毒《どく》を飲《の》むことになるわけですね。
いかがですか、博士《はかせ》？
うむ、カンペキ。
見事《みごと》な推理《すいり》じゃ!!
おまえ、このトリック分《わ》かったか？
さっぱり。
あの鉄脇《てつわき》ってヤツ、あなどれないな。
このトリックのくわしい説明《せつめい》は、110~111ページを読《よ》むのじゃ!!
F6-12
——というわけで、Bブロックの決勝進出《けっしょうしんしゅつ》は少年科学探偵団《しょうねんかがくたんていだん》です。
ワー
少年科学探偵団
いえ。その前《まえ》に坂本《さかもと》さんの演奏《えんそう》が……。
よーし、
ポキ ポキ
いよいよあいつらと対決《たいけつ》だ。

さて、ここで会場《かいじょう》のみなさんにお知《し》らせです。
このあと決勝戦《けっしょうせん》の前《まえ》に、世界的《せかいてき》アーティスト、坂本秀一《さかもとしゅういち》さんのコンサートが行《おこな》われますが――
ステージ準備《じゅんび》のため1時間《じかん》ほど休《きゅう》けい時間《じかん》となります。
最後《さいご》の決勝戦《けっしょうせん》もお楽《たの》しみに！
控え室
――って、なんで控《ひか》え室《しつ》がヤツらと一緒《いっしょ》なんだよ。
しっ。聞《き》こえますよ。
バッ
聞《き》こえてるわよ～♡
にこにこ
ひえっ。
わっ。

F613

キミたち、なかなかやるわね。
はいっ。
決勝《けっしょう》ではおたがいがんばりましょ。
お……おう。
ん？
ドタバタ
F6-14
バタ
バタ
大変《たいへん》だ、坂本《さかもと》さんが!!
坂本《さかもと》さんに何《なに》かあったみたいだ。行《い》くぞ！
おう。
リーダー、事件《じけん》よ！
ここが坂本《さかもと》さんの楽屋《がくや》か。
坂本秀一様
こ……これは!?
バーン

コナンと実験《じっけん》!

殺《ころ》し屋《や》Aの毒殺《どくさつ》トリックをあばけ!

探偵《たんてい》オリンピックで出題《しゅつだい》された毒殺《どくさつ》トリックを2種類《しゅるい》の砂糖《さとう》で再現《さいげん》してみよう!

用意《ようい》するもの

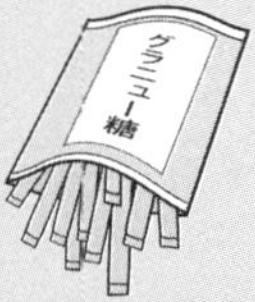

グラニュー糖《とう》

シュガーポットとシュガースプーン
または
紙《かみ》コップとスプーン、カッターナイフ

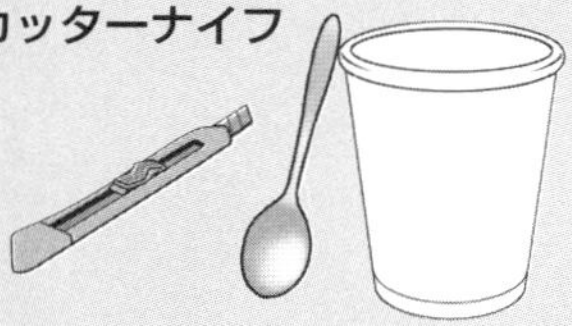

コーヒーシュガー
×1本《ぽん》

① グラニュー糖《とう》でスプーンをおおう

シュガーポットにシュガースプーンを入《い》れ、図《ず》のようになるまでグラニュー糖《とう》を入《い》れる。グラニュー糖《とう》はスティックタイプではなく、ふくろ入《い》りでもOKだ。

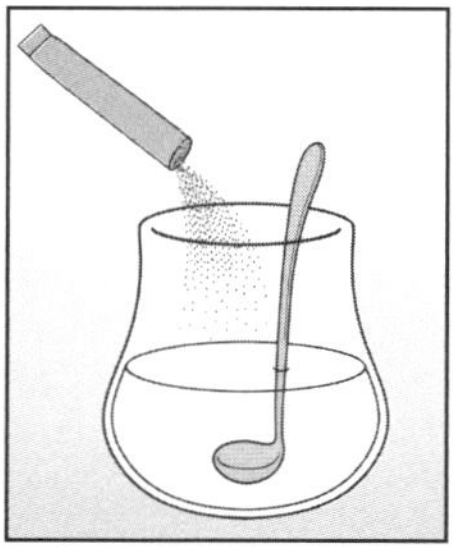

② コーヒーシュガーを上《うえ》から入《い》れる

コーヒーシュガーを上《うえ》から入《い》れて、グラニュー糖《とう》の表面《ひょうめん》をおおう。このコーヒーシュガーは、殺《ころ》し屋《や》Aが毒殺《どくさつ》トリックで使《つか》った毒物《どくぶつ》の代《か》わりだよ。

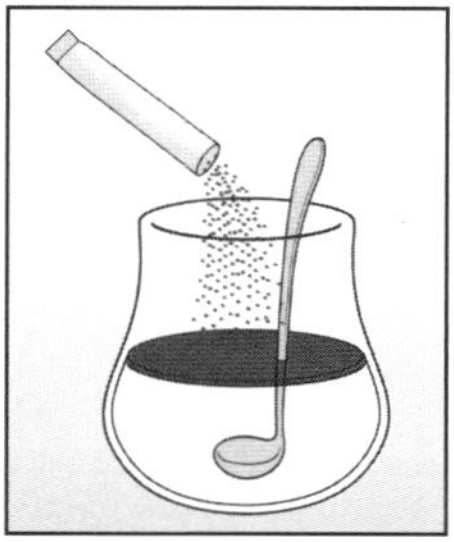

③シュガースプーンがない場合《ばあい》

ふつうのスプーンを使《つか》う場合《ばあい》は、図《ず》のような紙《かみ》コップ製《せい》の入《い》れ物《もの》を作《つく》ろう（ケガに注意《ちゅうい》!）。スプーンのくぼみが、なるべく水平《すいへい》になるように、紙《かみ》コップの高《たか》さを調整《ちょうせい》してね。

④スプーンを上《うえ》に引《ひ》き上《あ》げる

グラニュー糖《とう》の中《なか》からスプーンを引《ひ》き上《あ》げる。なるべく真上《まうえ》に引《ひ》き上《あ》げるようにしよう。最後《さいご》に軽《かる》くスプーンをゆすると、コーヒーシュガーはほぼ完全《かんぜん》に下《した》へ落《お》ちてしまうよ。

コーヒーシュガーがすべり落《お》ちる理由《りゆう》

砂糖《さとう》など粒状《つぶじょう》のものを積《つ》み重《かさ》ねると、ある一定《いってい》の角度《かくど》の山《やま》ができる。この角度《かくど》は粒《つぶ》の種類《しゅるい》によって変《か》わるけど、山《やま》がいったんできてしまうと、それ以上《いじょう》は粒《つぶ》をのせることができず、あとからのせた粒《つぶ》は全部《ぜんぶ》すべり落《お》ちてしまう。

このトリックの場合《ばあい》、シュガーポットの中《なか》で、すでにスプーンの上《うえ》には砂糖《さとう》の山《やま》ができている。だから、スプーンを引《ひ》き上《あ》げると、山《やま》がそのまま持《も》ち上《あ》がってきて、ほかの砂糖《さとう》はすべてすべり落《お》ちてしまうんだ。

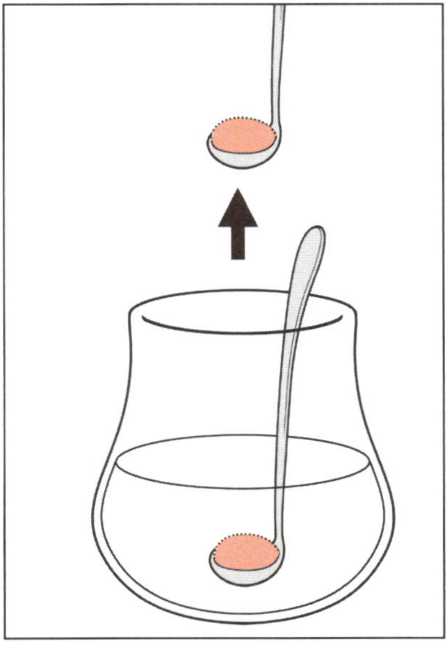

FILE《ファイル》 7
五線譜《ごせんふ》に残《のこ》された謎《なぞ》の旋律《せんりつ》

テレビ局《きょく》スタッフのあとを追《お》ったコナンたちが発見《はっけん》したのは、楽譜《がくふ》が散《ち》らばった無人《むじん》の楽屋《がくや》だった。姿《すがた》を消《け》した世界的《せかいてき》アーティスト、坂本秀一《さかもとしゅういち》の行方《ゆくえ》は!?

F7-1

おお、
キミたちは小若小《こじゃくしょう》の少年科学探偵団《しょうねんかがくたんていだん》！
——と、帝丹小《ていたんしょう》の………
少年《しょうねん》探偵団《たんていだん》!!
……です。
小学生《しょうがくせい》ながら、彼《かれ》らは決勝《けっしょう》に勝《か》ち進《すす》んだ2組《くみ》……
ここはひとつ彼《かれ》らに相談《そうだん》してみては？
ええ、そうですね。
そういうおじさんたちはだれ？
私《わたし》はこの番組《ばんぐみ》のプロデューサーの山口《やまぐち》。
こちらは……
坂本秀一《さかもとしゅういち》のマネージャー、
志波《しば》です。

F7-2

坂本《さかもと》はいつもステージに立《た》つ前《まえ》は、1人《ひとり》で楽屋《がくや》にこもって集中力《しゅうちゅうりょく》を高《たか》めるんですが、
今日《きょう》も――
いつも通《どお》り1時間前《じかんまえ》になったら声《こえ》をかけてくれないか？
はい。
――で、
キミたちの準決勝戦《じゅんけっしょうせん》が終《お》わったので呼《よ》びに来《き》たら――
コンコン
楽屋《がくや》の中《なか》がこのありさまで……。
坂本《さかもと》さんの姿《すがた》も消《き》えていた――と。
ちょっとトイレに行《い》っただけとか――
飲《の》み物《もの》を買《か》いに行《い》ったとか？
スタッフに会場中《かいじょうじゅう》を探《さが》してもらってるんだけど……。
まだ見《み》つからないわけですね。

F7-3

やれやれ、部屋《へや》の中《なか》がこんなに荒《あ》らされてるのに――
トイレに行《い》っただけのわけないだろ。
そんなの分《わ》かんないじゃねーか。
いや、この楽屋《がくや》は地下室《ちかしつ》で窓《まど》がないから――
床《ゆか》に散《ち》らばっている楽譜《がくふ》は、風《かぜ》に飛《と》ばされたわけじゃない。
坂本《さかもと》さんとだれかが争《あらそ》った証拠《しょうこ》さ。
何《なに》か物音《ものおと》を聞《き》いた人《ひと》は?
スッ
それがだれも…。
坂本《さかもと》がこもっている間《あいだ》はなるべく楽屋《がくや》に人《ひと》を近《ちか》づけないようにしていたので……。
志波《しば》さんがドアを開《あ》けるまで、だれも気《き》づかなかったわけですね。
ゆうかいの線《せん》が強《つよ》いと思《おも》いますが……
クィ
スッ
何《なに》か確証《かくしょう》があれば決《き》まりだな。

F7-4

みんな来《き》てくれ。ピアノの上《うえ》に!
IC《アイシー》レコーダーね。
ああ。しかもまだ録音中《ろくおんちゅう》だよ。
REC
01:15:13
じゃあこれを頭《あたま》から再生《さいせい》すれば——
坂本《さかもと》さんが姿《すがた》を消《け》した時《とき》の様子《ようす》が分《わ》かるかもね。
まず録音《ろくおん》を止《と》めてから——
ピッ
ピッ
STOP
00:00:00
次《つぎ》に再生《さいせい》ボタンね!
あら、
ピアノの音《おと》だわ。
PLAY
00:00:01
坂本《さかもと》はいつも曲《きょく》を作《つく》る時《とき》にIC《アイシー》レコーダーを使《つか》ってましたから——
たぶん思《おも》いついたフレーズを録音《ろくおん》していたのでは?

F7-5

ん?
演奏《えんそう》が止《と》まった。
ぴた
キ……
キミたちはだれだ!?
PLAY▶
00:01:56
坂本《さかもと》さん、一緒《いっしょ》に来《き》てもらいましょう
こ……これは!?
やはり、坂本《さかもと》さんは何《なに》かめんどうに巻《ま》きこまれたようですね。
お2人《ふたり》ともこの男《おとこ》の声《こえ》に聞《き》き覚《おぼ》えは?
……坂本《さかもと》さん、一緒《いっしょ》に……
……さあ?
聞《き》き覚《おぼ》えのない声《こえ》だね。
じゃあこっちは?
キ……キミたちはだれだ!?
坂本《さかもと》の声《こえ》だと思《おも》います。
なるほど。
でも、人《ひと》の印象《いんしょう》はあてにならないから……。

F7-6

より正確《せいかく》を期《き》すため、声紋《せいもん》を分析《ぶんせき》してみることにしましょう。
ふらん、準備《じゅんび》は？
スッ
このパソコンが起動《きどう》すれば、
パカッ
すぐOK《オーケー》よ。
なあ、せいもんってなんだ？
指紋《しもん》と同《おな》じように、人《ひと》の声《こえ》にはそれぞれ特《とく》ちょうがあって——
それを機械《きかい》で分析《ぶんせき》すると、こんな模様《もよう》で表《あらわ》すことができるんだ。
へーっ。

F7-7

元太《げんた》くんに、光彦《みつひこ》くんよね？
キミたちの声紋《せいもん》を見《み》せてあげようか？
ここのマイクに向《む》かって順番《じゅんばん》に『あー』って言《い》ってみて。

あー。
あー。
はい、OK《オーケー》よ。
カチャカチャ
あとは、録音《ろくおん》した2人《ふたり》の声《こえ》をこの声紋解析《せいもんかいせき》ソフトにかけると――
カチャ
カチャ
左《ひだり》が元太《げんた》くんで、右《みぎ》が光彦《みつひこ》くんの声紋《せいもん》よ。
2人《ふたり》とも『あー』って言《い》ったのに模様《もよう》がちがうでしょ？
へ～、スゲーな。
ふらん。
いつまでガキどもの遊《あそ》びに付《つ》き合《あ》ってんだ!?
ガキあつかいすんじゃねーよ。
はいはい。

F7-8

ところで志波《しば》さん、坂本《さかもと》さんのCD《シーディー》って何《なに》か持《も》ってますか?
最新《さいしん》シングルのこれなら……。
キミの歌
坂本秀一
坂本《さかもと》さんのボーカル入《い》りの曲《きょく》ですね。ちょうどよかった。
まずCD《シーディー》からパソコンに曲《きょく》を取《と》り込《こ》んで——
曲《きょく》のサビの部分《ぶぶん》から、『キミ』というフレーズだけを取《と》り出《だ》して、坂本《さかもと》さんの声《こえ》のサンプルを採《と》ります。
カチャ
カチャ
次《つぎ》にIC《アイシー》レコーダーとパソコンをケーブルでつなぎ——
同《おな》じように、IC《アイシー》レコーダーの『キミたちはだれだ?』という声《こえ》から『キミ』だけを取《と》り出《だ》し、声紋《せいもん》を解析《かいせき》——
カチャ
カチャ
カチャ

F7-9

2つともそっくりの声紋《せいもん》になったわ。
IC《アイシー》レコーダーの声《こえ》は坂本《さかもと》さんと断定《だんてい》してもよさそうね。
——ということはやはり……。
坂本《さかもと》さん本人《ほんにん》が何者《なにもの》かに連《つ》れ去《さ》られたということか！
ああ〜、
どうすればいいんだ〜。
どうするって、
そりゃ警察《けいさつ》に連絡《れんらく》するしかないだろ？
……しかし。
あと30分《ぷん》もすれば、坂本《さかもと》さんのコンサートに招待《しょうたい》した政財界《せいざいかい》や芸能界《げいのうかい》のセレブたちが会場入《かいじょうい》りしてしまう。
それなのに肝心《かんじん》の坂本《さかもと》さんがいないのでは……
私《わたし》はクビだ。
F7-10

山口《やまぐち》さんの責任問題《せきにんもんだい》はともかく――
確《たし》かに時間《じかん》はないようですね。
一般的《いっぱんてき》に、成人男性《せいじんだんせい》がゆうかいされた場合《ばあい》、連《つ》れ去《さ》られたすぐあとに殺害《さつがい》される可能性《かのうせい》が非常《ひじょう》に高《たか》いんです。
そ……そんな。
子《こ》どもとちがって、大人《おとな》は抵抗《ていこう》したり逃《に》げたりするから、そのリスクを避《さ》けようとするんだろうな。
では、これから警察《けいさつ》を呼《よ》んでいたのでは……。
ええ、間《ま》に合《あ》わないかもしれません。
もちろん警察《けいさつ》には連絡《れんらく》してもらいますが……
まず、ぼくたちが捜査《そうさ》に着手《ちゃくしゅ》しましょう。
でも……。
IC《アイシー》レコーダーの声《こえ》しか手《て》がかりがないんじゃ、どうやって……。
いや!!

F7-11

ここに手《て》がかりらしきものが……。
散《ち》らばってた、ほかの楽譜《がくふ》には音符《おんぷ》しか書《か》かれてなかったけど、
キミの歌
楽器店の前で 空を見上げた とき 赤から青に
変わった みたい 五線譜に 書きつけた「キミの
歌」 まわりの音に まどわされ ないで
音符の通りで いいさ きっと会えるさ
F7-12
この1枚《まい》だけ、曲名《きょくめい》と歌詞《かし》が書《か》き込《こ》まれてたんだ。
タイトルは、新曲《しんきょく》と同《おな》じ『キミの歌《うた》』。でも……
書《か》いてある歌詞《かし》は別《べつ》モノでしょ？

坂本《さかもと》さんがとっさに残《のこ》したメッセージでは？
楽譜《がくふ》の曲《きょく》をピアノで弾《ひ》けば何《なに》か分《わ》かるかもな。
どれ、貸《か》してみな。
パッ
エラソーに。ちゃんと弾《ひ》けるのかよ？
コトッ
彼《かれ》、お父《とう》さんがジャズピアニストだから、ああ見《み》えてうまいのよ。
へー。
F7-13
ん……んん？
どうしたんだ、マーク？
いや……この譜面《ふめん》、変《へん》なんだ。

——とか言《い》って、やっぱ弾《ひ》けないんだろ?
ムッ
じゃあ譜面《ふめん》通《どお》り弾《ひ》いてやるから、よく聴《き》いてろよ!
F7-14
うわっ、なんだこりゃー。
ムチャクチャですよ。
ほらな。譜面《ふめん》通《どお》り弾《ひ》くとこうなるんだ。曲《きょく》どころかメロディーにもなってないんだよ。
——ということは、犯人《はんにん》に悟《さと》られないよう譜面《ふめん》を書《か》くフリをしていただけで……
メッセージは歌詞《かし》の中《なか》に隠《かく》されているのかも。

よし、
歌詞《かし》を読《よ》み上《あ》げるぞ。
楽器店《がっきてん》の前《まえ》で
空《そら》を見上《みあ》げたとき
赤《あか》から青《あお》に変《か》わったみたい
五線譜《ごせんふ》に書《か》きつけた
「キミの歌《うた》」
まわりの音《おと》にまどわされないで
音符《おんぷ》の通《とお》りでいいさ
きっと会《あ》えるさ
F7-15
楽器店《がっきてん》の前《まえ》？
まったく意味《いみ》が分《わ》かりませんね。
『楽器店《がっきてん》』というのは
きっと、この近《ちか》くにある
米花《べいか》ショッピングモールの
店《みせ》のこと――。
よし！
この事件《じけん》、もう
ぼくらが解決《かいけつ》したも
同然《どうぜん》だ。
行《い》こう、マークふらん！
OK《オーケー》。
……チッ。
やっぱ、ヤな感《かん》じだな。

でも、
あの人《ひと》の言《い》う通《とお》り、歌詞《かし》を頼《たよ》りにするなら、楽器店《がっきてん》にヒントがあるのでは？
うーん。
何《なに》か納得《なっとく》いかないいんだよな。
そもそも坂本《さかもと》さんは、楽屋《がくや》に突然現《とつぜんあらわ》れた男《おとこ》たちに連《つ》れ去《さ》られたわけだろ？
ええ。
そのせっぱ詰《つ》まった状況《じょうきょう》で、なぜあんなメッセージを残《のこ》す余裕《よゆう》があったんだ？
キミの歌
楽器店の前で 空を見上げた とき 赤から青に
変わった みたい 五線譜に 書きつけた「キミの
まわりの音に まどわされ ないで
F7-16
この事件《じけん》にはまだ何《なに》かウラがあるような気《き》が……。
そんなどーでもいいんだよ。
こうしてる間《あいだ》に、あの人《ひと》たちに先《さき》を越《こ》されちゃいますよ。
う……うん。
事件《じけん》を解決《かいけつ》するのはおれたちだ。行《い》くぞ!!
おーっ。
……。

おとなの人《ひと》と一緒《いっしょ》にやろう!!

声紋《せいもん》の観察《かんさつ》にチャレンジ!

音《おと》・波動《はどう》教育用《きょういくよう》デジタル教材《きょうざい》「音知《おんち》」を使《つか》って、声紋《せいもん》を見《み》てみよう!

用《よう》意《い》するもの

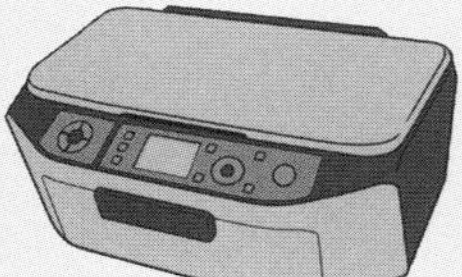

パソコン用《よう》
プリンター

マイクが内蔵《ないぞう》されたノートPC(パソコン)。または
デスクトップPCと、PCに接続可能《せつぞくかのう》な外部《がいぶ》マイク

動《どう》作《さ》環境《かんきょう》

コンピュータ

Pentium 500MHz 以上《いじょう》(Pentium III 550MHz 以上推奨《いじょうすいしょう》)

メモリ

128MB 以上《いじょう》(256MB 以上推奨《いじょうすいしょう》)

ハードディスク

空《あ》き容量《ようりょう》50MB 以上《いじょう》

OS(オペレーションシステム)

Microsoft® Windows 98 SE、Windows 2000、Windows XP

ディスプレイ

1024 × 768(16bit カラー以上《いじょう》の解像度《かいぞうど》モニター)

サウンドカード

Windows® 準拠《じゅんきょ》の 16bit サウンドカード

※このほか、PCがインターネットに接続《せつぞく》できる環境《かんきょう》が必要《ひつよう》です。

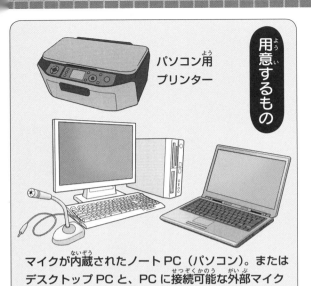

準備《じゅんび》❶ パソコンについて

この実験《じっけん》を行《おこな》うには、何《なに》よりもまず「ウインドウズ」というOSがインストールされたパソコンが必要《ひつよう》だ。くわしい動作環境《どうさかんきょう》は右《みぎ》のページで紹介《しょうかい》しているので、よく分《わ》からない人《ひと》はおとなの人《ひと》に確認《かくにん》しよう。

パソコンが用意《ようい》できたら、次《つぎ》に、そのパソコンが声《こえ》を録音《ろくおん》できるかどうかを確認《かくにん》する。内蔵《ないぞう》マイクが備《そな》わっていれば、そのままでOKだけど、機種《きしゅ》によっては外部《がいぶ》マイクが必要《ひつよう》だ。外《がい》部《ぶ》マイクの代《か》わりとしてイヤホンが使《つか》える場合《ばあい》もあるので、試《ため》してみよう。

準備《じゅんび》❷ ダウンロード

次《つぎ》は、ソフトウェアをダウンロードするよ（必《かなら》ずおとなの人《ひと》と一緒《いっしょ》にやろう）。

まず、インターネットで「理科《りか》ねっとわーく」のサイトにアクセス。トップページの下《した》にある「ダイレクトジャンプ」の中《なか》から映《えい》像《ぞう》と音声《おんせい》分析《ぶんせき》・合成《ごうせい》ソフトで学《まな》ぶ『音《おと》・波動《はどう》教育《きょういく》用《よう》デジタル教材《きょうざい》』を選《えら》び、「音《おと》の実験《じっけん》教室《きょうしつ》」というボタンをクリックしよう。

紹介《しょうかい》されているソフトの中《なか》から「音知《おんち》」を選《えら》び、「使《つか》い方《かた》」のページを読《よ》んでから、おとなの人《ひと》にダウンロードしてもらおう。

準備《じゅんび》❸ 起動《きどう》と終了《しゅうりょう》

ソフトをダウンロードすると、指定《してい》した「保存先《ほぞんさき》」に「Fftrans.exe」というファイル名《めい》のアイコンが現《あらわ》れる。このアイコンをダブルクリックすると「音知《おんち》」が起動《きどう》するよ。終了《しゅうりょう》する時《とき》は、タイトルバー右《みぎ》はしの「×」をクリックしよう。

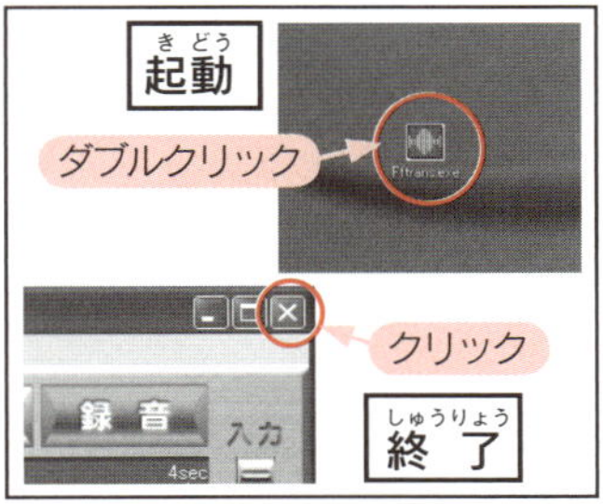

準備《じゅんび》❹ 音《おと》の入力《にゅうりょく》について

「音知《おんち》」を使《つか》い始《はじ》める前《まえ》に、パソコンの「ボリュームコントロール」パネルを開《ひら》き、マイクの音量《おんりょう》を確認《かくにん》・調節《ちょうせつ》しておこう。くわしくは「音知《おんち》」の「使《つか》い方《かた》」か、パソコンの取《と》り扱《あつか》い説明書《せつめいしょ》をおとなの人《ひと》に読《よ》んでもらってね。

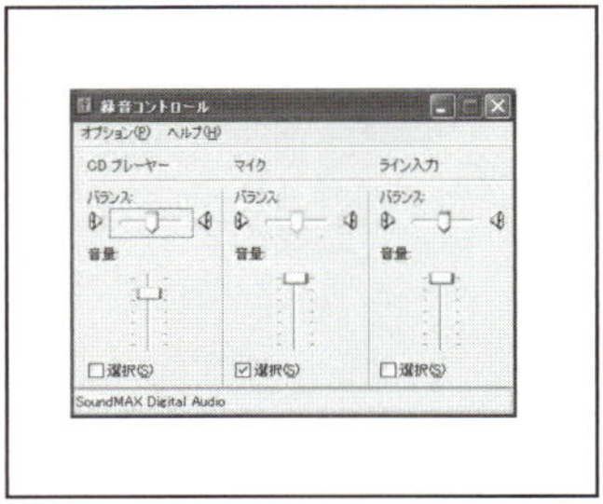

「音知《おんち》」の操作《そうさ》ウインドウ

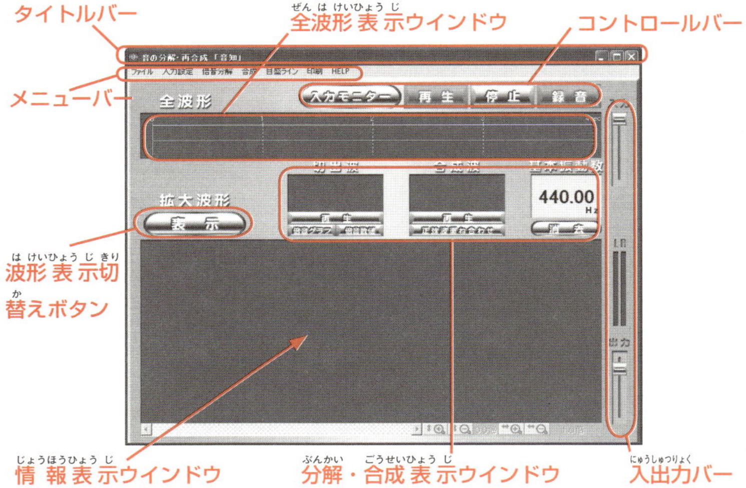

① 入力《にゅうりょく》モニターを表示《ひょうじ》させる

「音知《おんち》」を使《つか》うと、録音《ろくおん》した音《おと》の分解《ぶんかい》などもできるけど、ここでは声紋《せいもん》表示《ひょうじ》の方法《ほうほう》だけを紹介《しょうかい》するよ。

最初《さいしょ》に、コントロールバーの「入力《にゅうりょく》モニター」ボタンをクリック。この状態《じょうたい》でマイクに音声《おんせい》を入力《にゅうりょく》すると、情報《じょうほう》表示《ひょうじ》ウインドウに波形《はけい》が表示《ひょうじ》される。その波形《はけい》を見《み》ながら、入出力《にゅうしゅつりょく》バーでマイクの入力《にゅうりょく》ボリュームを調整《ちょうせい》しておこう。

ちなみに、音《おと》は「音波《おんぱ》」ともいうように、空気《くうき》などをふるわせる波《なみ》のこと。この〝音《おと》の波《なみ》〟を目《め》で見《み》える形《かたち》にしたのが波形《はけい》なんだ。

② 「音知《おんち》」で声《こえ》を録音《ろくおん》しよう

メニューバーの「入力《にゅうりょく》設定《せってい》」をクリックして、録《ろく》音時間《おんじかん》は4秒《びょう》を選《えら》ぶ。コントロールバーの「録音《ろくおん》」ボタンで録音《ろくおん》を開始《かいし》。マイクに向《む》かって「あ、い、う、え、お」と言《い》ってみよう。

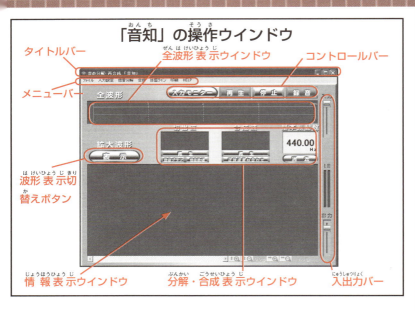

③ 録音《ろくおん》した声《こえ》の波形《はけい》を確認《かくにん》

設定《せってい》した録音時間《ろくおんじかん》が過《す》ぎると、自動的《じどうてき》に録音《ろくおん》が終《しゅう》了《りょう》。すると、録音《ろくおん》した声《こえ》の波形《はけい》が全波形《ぜんはけい》表示《ひょうじ》ウインドウに出《で》てくるよ。録音《ろくおん》し直《なお》す時《とき》は、もう一度《いちど》「録《ろく》音《おん》」ボタンをおしてね。

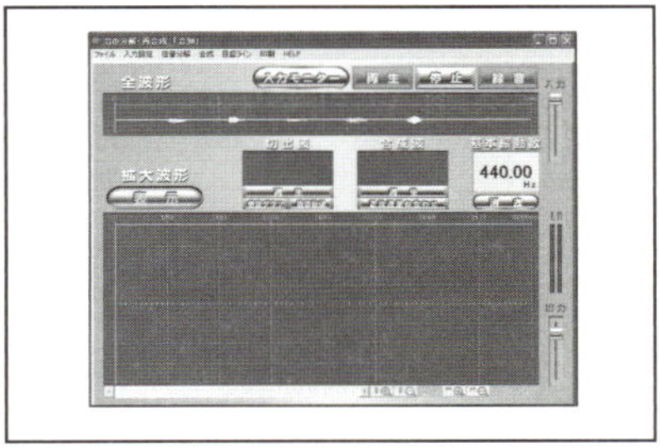

④ キミの声紋《せいもん》を見《み》てみよう

メニューバーの「倍音分《ばいおんぶん》解《かい》」をクリックすると、サブメニューが表示《ひょうじ》される。その中《なか》から「声紋《せいもん》表示《ひょうじ》」を選《えら》んでクリックしよう。情報《じょうほう》表示《ひょうじ》ウインドウに、キミの声紋《せいもん》が出《で》てくるよ。

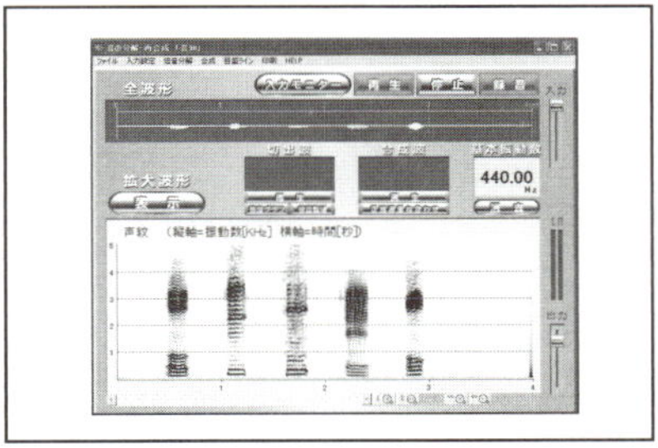

⑤ 声紋《せいもん》を印刷《いんさつ》してみよう

メニューバーの「印刷《いんさつ》」ボタンをクリックすると、プリンターでキミの声紋《せいもん》を印刷《いんさつ》することができるよ。くわしくは「音知《おんち》」の「使《つか》い方《かた》」をおとなの人《ひと》に読《よ》んでもらってね。

⑥ ほかの人《ひと》の声紋《せいもん》と見比《みくら》べてみよう

声紋《せいもん》の印刷《いんさつ》が終了《しゅうりょう》したら、手順《てじゅん》2から5までをくり返《かえ》し、ほかの人《ひと》の声紋《せいもん》も印刷《いんさつ》しよう。同《おな》じように「あいうえお」と言《い》っても、声《せい》紋《もん》は一人《ひとり》ひとりちがうことが分《わ》かるはずだよ。

キミも実験《じっけん》!

おしゃべりコップでアイ・ラブ・ユー

クリアホルダーの短冊《たんざく》に刻《きざ》んだみぞから、声《こえ》を再生《さいせい》してみよう!

用意《ようい》するもの

カッターナイフ

はさみ

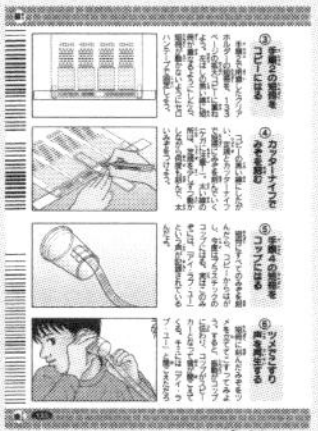
133ページの拡大《かくだい》コピー

プラスチックのコップ

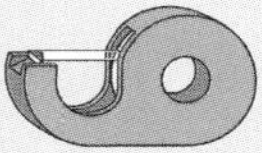
セロハンテープ

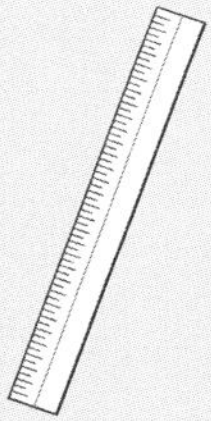
定規《じょうぎ》

B5サイズ以上《いじょう》の厚《あつ》口《くち》のクリアホルダー(またはカードケースなど)

① 133ページの拡大《かくだい》コピーをとる

コピー機《き》の倍率《ばいりつ》を130%に設定《せってい》し、B5サイズで133ページのコピーをとる。左《ひだり》はしに印刷《いんさつ》されている黒《くろ》い線《せん》が切《き》れないように注意《ちゅうい》してね。

② クリアホルダーを細長《ほそなが》く切《き》る

B5サイズ以上《いじょう》のクリアホルダーを用意《ようい》したら、長《なが》い方《ほう》の辺《へん》をはさみで1㎝くらいの幅《はば》に切《き》る。この短冊《たんざく》に、音《おと》を生《う》み出《だ》すみぞを刻《きざ》みつけていくよ。

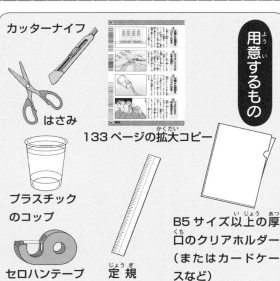

③ 手順《てじゅん》2の短冊《たんざく》をコピーにはる

手順《てじゅん》2で用意《ようい》したクリアホルダーの短冊《たんざく》を、133ページの拡大《かくだい》コピーに重《かさ》ねよう。左《ひだり》はしの黒《くろ》い線《せん》に短《たん》冊《ざく》が重《かさ》なるようにしたら、短冊《たんざく》が動《うご》かないようにセロハンテープで固定《こてい》しよう。

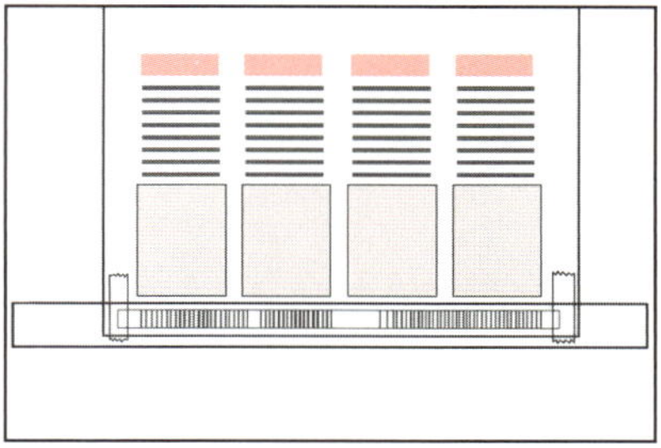

④ カッターナイフでみぞを刻《きざ》む

コピーの黒《くろ》い線《せん》にしたがい、定規《じょうぎ》とカッターナイフで短冊《たんざく》にみぞを刻《きざ》んでいく（ケガに注意《ちゅうい》！）。太《ふと》い線《せん》の所《ところ》は、定規《じょうぎ》を少《すこ》しずつ動《うご》かしながら何度《なんど》も刻《きざ》んで、太《ふと》いみぞをつけよう。

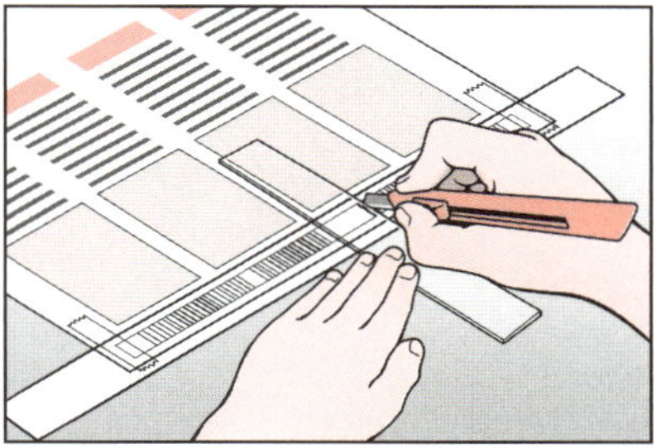

⑤ 手順《てじゅん》4の短冊《たんざく》をコップにはる

短冊《たんざく》にすべてのみぞを刻《きざ》んだら、コピーからはがし、今度《こんど》はプラスチックのコップにはる。実《じつ》はこのみぞには、「アイ・ラブ・ユー」という声《こえ》が記録《きろく》されているんだよ。

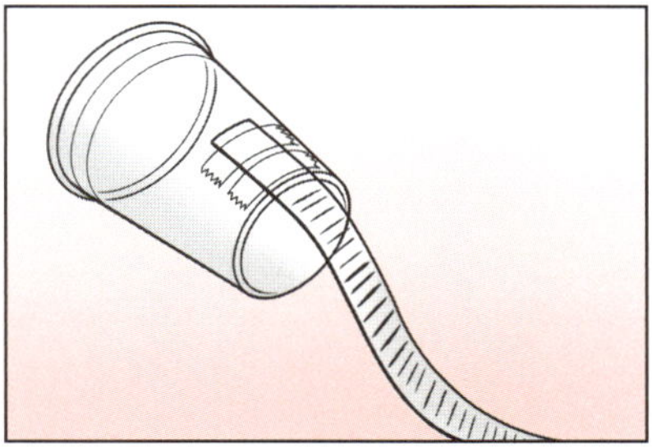

⑥ ツメでこすり声《こえ》を再生《さいせい》する

短冊《たんざく》のみぞをツメを立《た》ててこすってみよう。すると、振動《しんどう》がコップに伝《つた》わり、コップがスピーカーとなって音《おと》が聞《き》こえてくる。キミには「アイ・ラブ・ユー」と聞《き》こえただろうか？

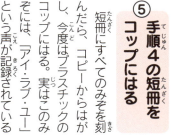

FILE《ファイル》 8

五《ご》線《せん》譜《ふ》に残《のこ》された謎《なぞ》の旋《せん》律《りつ》 2

坂本秀一《さかもとしゅういち》の行方《ゆくえ》を追《お》い、米花《べいか》ショッピングモールへとやってきたコナンたち。楽譜《がくふ》に残《のこ》されたメッセージの謎《なぞ》を解《と》き、事件《じけん》を解決《かいけつ》することはできるだろうか？

もしかしたら、坂本《さかもと》さんはその楽器店《がっきてん》の中《なか》に閉《と》じこめられているのでは？
おぉ！さえてるぞ、光彦《みつひこ》！
よし、行《い》くぞ！
おい、待《ま》てって。
ダダダッ
ABC楽器店
こんにちは。
いらっしゃいませ。
今日《きょう》、お店《みせ》の中《なか》で坂本秀一《さかもとしゅういち》さんを見《み》かけませんでしたか？
坂本《さかもと》さん……ピアニストの？
見《み》かけるも何《なに》も、今《いま》もあっちに……。
ええっ!?
やったな、光彦《みつひこ》。
これで事件《じけん》解決《かいけつ》ですね。
タッ

F8-2

おおっ。
——ってなんだよ。
SAKAMOTO SHUICHI
ポスターじゃないですか。
キミたちもようやくこの店《みせ》にたどり着《つ》きましたか。
でも、遅《おく》れを取《と》りましたね。
おまえら、なんか手《て》がかり見《み》つけたのかよ!?
ムッ
この店《みせ》はもう、ぼくたちが調《ちょう》査《さ》中《ちゅう》ですよ。
残《ざん》念《ねん》ながら……。

F8-3

坂本秀一
コンサート
楽器《がっき》コーナーのピアノ売《う》り場《ば》では何《なに》も見《み》つからなかったので、
こうして坂本《さかもと》さんのCD《シーディー》を1枚《まい》ずつチェックしているところです。
坂本秀一・BE
SAKAMOTO SE
LOVE 坂本
PIANO・2 坂本
PIANO
まだぼくたちにも事件解決《じけんかいけつ》のチャンスはあるってことですね。
よし！おれたちもがんばろうぜ。
おっ、ここにいたのか。
おせーぞ、コナン。
米花ショッピング
念《ねん》のため、ショッピングモールをひと回《まわ》りしてきたんだけど……
ヒントは何《なに》もなかったよ。
そっちもですか。
こっちは今《いま》、ヤツらが調査中《ちょうさちゅう》だけど……
店内《てんない》にも今《いま》のところ手《て》がかりはなし……か。
とすると、やはり楽譜《がくふ》を見直《みなお》す必要《ひつよう》がありそうだな。

F8-4

だったらこれで見《み》ればいいわ。
これは？
大切《たいせつ》な証拠品《しょうこひん》をあちこち持《も》ち歩《ある》くわけにいかないでしょ？
だからさっきデジカメで撮《と》って、パソコンに保存《ほぞん》しておいたのよ。
サンキュー、助《たす》かるよ。
でも、こっちの手助《てだす》けしたら、あの2人《ふたり》に怒《おこ》られるんじゃない？
気《き》にしない、気《き》にしない。
人《ひと》の命《いのち》がかかってるんだから、協力《きょうりょく》し合《あ》うのは当然《とうぜん》でしょ。
コトッ
へー、大人《おとな》だね。
そういうキミも、小学《しょうがく》一年生《ねんせい》とは思《おも》えないわよ。
……そう？
それより問題《もんだい》はこの譜面《ふめん》よね。
キミの歌
この際《さい》、音符《おんぷ》は無視《むし》して、まず歌詞《かし》の謎《なぞ》を解《と》かないと。

F8-5

※怪盗赤《かいとうあか》メガネの事件《じけん》については、『サイエンスコナン／レンズの不思議《ふしぎ》』を読《よ》んでね!!

店長《てんちょう》、3番《ばん》に行《い》ってきます。
はいよ。
!
今《いま》の会話《かいわ》の意味《いみ》、分《わ》かるか？
う〜ん
〃3番《ばん》〃ってなんだ？
あの店員《てんいん》さん、きっとトイレに行《い》ったんだよ。
え〜。なんでトイレが〃3番《ばん》〃なんだ？
お客《きゃく》さんの前《まえ》で『トイレに行《い》く』って言《い》いにくいだろ？
なるほど！だから〃3番《ばん》〃って言《い》いかえるんですね。
WC
符丁
隠語
ある言葉《ことば》をあらかじめ決《き》めておいた別《べつ》の言葉《ことば》に言《い》いかえることを『符丁《ふちょう》』や『隠語《いんご》』っていうんだ。
これも一種《いっしゅ》の暗号《あんごう》っていえるよな。
警察《けいさつ》が事件《じけん》のことを『ヤマ』っていうのも符丁《ふちょう》なんですね。

F8-7

暗号《あんごう》の歴史《れきし》は古《ふる》くて、古代《こだい》エジプトのころから使《つか》われていたそうよ。
へぇ〜。
古典的《こてんてき》なものでは『シーザー暗号《あんごう》』が有名《ゆうめい》ね。
3文字《もじ》ずつずらして書《か》くやつだね。
？
それってどんなんだ!?
例《たと》えばオレの名前《なまえ》をシーザー暗号《あんごう》で書《か》くとこうなるんだ。
コ → ス
ナ → ネ
ン → ウ
五十音表《ごじゅうおんひょう》で3文字《もじ》ずつ後《うし》ろへずらした文字《もじ》を書《か》くわけですね。
F8-8
あと、こんなのもあるぞ。
さかたもと さたんを たすくたえ
さかたもとさたんをたすくたえ？
なんだこれ。
これならぼくにも分《わ》かります。

ほら、ここにタヌキの絵《え》が描《か》いてあるでしょう？
〝た〟抜《ぬ》き。
だから、文章《ぶんしょう》の〝た〟の字《じ》を抜《ぬ》いて読《よ》めばいいんですよ！
えーと……
さか……もとさ……んを……
坂本《さかもと》さんを救《すく》え、か!!
その通《とお》り！
F8-9
じゃあ、楽譜《がくふ》の歌詞《かし》も〝た〟抜《ぬ》きで読《よ》めばいいんだな。
よーし。
楽器店《がっきてん》の前《まえ》で空《そら》を見上《みあ》げ……とき赤《あか》から青《あお》にかわっ……

ぜんっぜんダメじゃねーか!!
そんな単純《たんじゅん》な暗号《あんごう》のわきゃねーだろ。
私《わたし》もさっきからいろいろな解《と》き方《かた》を考《かんが》えてるんだけど……。
うん。かんたんには解《と》けそうもないね。
ふらん！
さっきからガキどもと何《なに》遊《あそ》んでんだ。
別《べつ》に遊《あそ》んでたわけじゃ……。
リーダー、何《なに》か手《て》がかりは？
F8-10
いえ……やはり〃捜査《そうさ》は現場《げんば》から〃。
スタジアムに戻《もど》ってもう一度《いちど》、楽屋《がくや》を洗《あら》い直《なお》しましょう。
オッケー。

万《まん》が一《いち》にも、われわれが小学《しょうがく》一年生《ねんせい》に負《ま》けるようなことがあってはいけません。
マーク、スタジアムへ急《いそ》ぎましょう。
ふらん、行《い》くぞ。
ちょ……ちょっと待《ま》って!
ごめん。先《さき》に行《い》くね。
気《き》にしてないよ。
気《き》にしろよ、コナン!
お……おう。
ぼくたちもあとを追《お》いましょう。
ガタ
ガタッ
ABC楽器店
あいつら、どこ行《い》った。
あそこです!!
ABC楽器店

F8-11

米花ショッピングモール
BEIKA COFFEE
もうあんな先《さき》まで!!
ん!?
F8-12
おい鉄脇《てつわき》!
止《と》まれ!!
?
何《なに》かしら?
どーせ負《ま》け惜《お》しみだよ。
信号《しんごう》が赤《あか》に変《か》わります。急《いそ》ぎましょう。
シャー
くそっ、走《はし》ったんじゃ間《ま》に合《あ》わねー。
負《ま》けそうだからボールをぶつける気《き》ですか!?
そんなんじゃねーよ。
ザッ

ドッ
行《い》け!!
ショッピ
わっ。
ボンッ
ガシャッ
くぅ。
きゃあ。
何《なに》しやがるんだ、ガキども！
ゴーッ
リーダー……。
ん？
ケガはないか？

F8-13

F8-14

信号無視《しんごうむし》して突《つ》っ込《こ》んできそうなトラックが見《み》えたからつい……。
礼《れい》を言《い》うよ。
キミが助《たす》けてくれなければ、また車《くるま》にひかれるところだった。
どうやらぼくは勝負《しょうぶ》に熱《あつ》くなりすぎて、冷静《れいせい》さを失《うしな》っていたようだ。
今《いま》、一番大切《いちばんたいせつ》なのは坂本《さかもと》さんの命《いのち》を救《すく》うこと。
キミさえよければ、おたがいに協力《きょうりょく》しないか？
ああ。
力《ちから》を合《あ》わせて一刻《いっこく》も早《はや》く坂本《さかもと》さんを助《たす》け出《だ》そう。
ん？
楽器店《がっきてん》の前《まえ》で空《そら》を見上《みあ》げたとき……
音符《おんぷ》の通《とお》りでいいさ……？
米花ショッピングモール
そうか!!
暗号《あんごう》を解《と》くカギが見《み》つかったぞ！

コナンと実験！

めざせ！暗号《あんごう》マスター①

古代《こだい》ギリシアで使《つか》われていた暗号《あんごう》「スキュタレー」を紹介《しょうかい》するよ！

用意《ようい》するもの

リボン状《じょう》の長《なが》い紙《かみ》

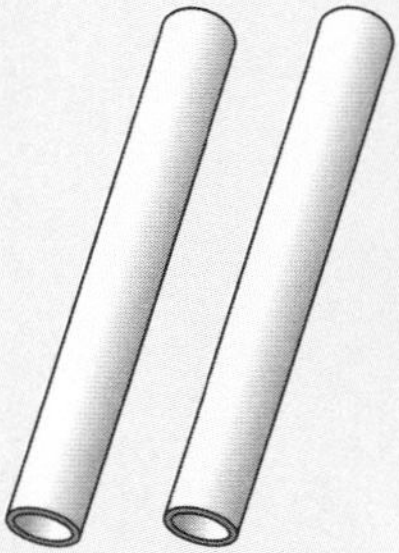

アルミホイルの芯《しん》など、同《おな》じ太《ふと》さのつつ（または棒《ぼう》）×2本《ほん》

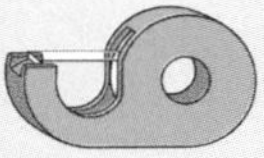

セロハンテープ

ペンなどの筆記具《ひっきぐ》

① 紙《かみ》をつつに巻《ま》き字《じ》を書《か》く

アルミホイルの芯《しん》などにリボン状《じょう》の紙《かみ》を巻《ま》き、ずれないようにセロハンテープで両《りょう》はじをとめる。巻《ま》きつけた紙《かみ》に、ペンを使《つか》って文字《もじ》や文章《ぶんしょう》を書《か》こう。

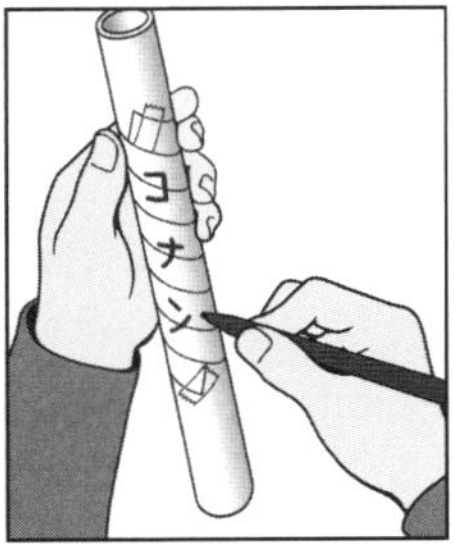

② つつから紙《かみ》をはずす

つつから紙《かみ》をはずすと、書《か》いてある文字《もじ》が読《よ》めなくなる。この暗号文《あんごうぶん》を受《う》け取《と》った相手《あいて》は、同《おな》じ太《ふと》さのつつに紙《かみ》を巻《ま》くと、文字《もじ》が読《よ》めるようになるよ。

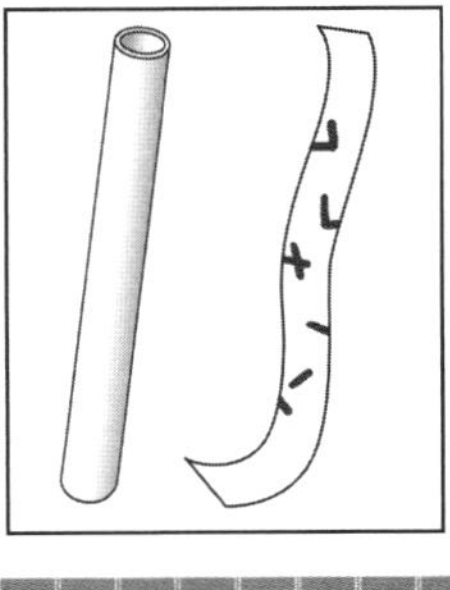

めざせ！暗号《あんごう》マスター②

携帯電話《けいたいでんわ》のメモ機能《きのう》を使《つか》う、かんたんな暗号文《あんごうぶん》の作《つく》り方《かた》を紹介《しょうかい》！

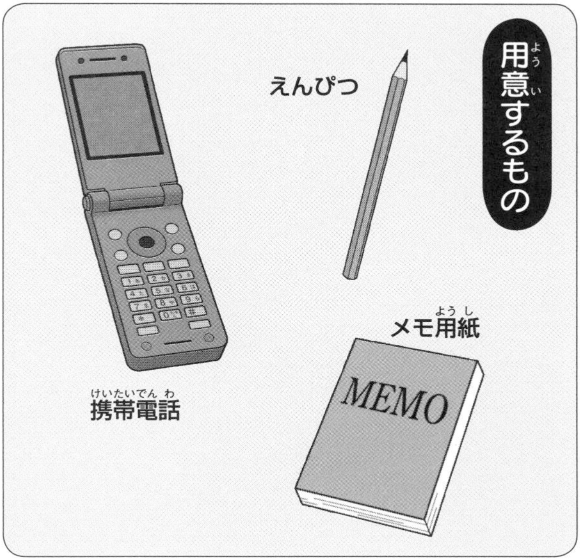

① メモ機能《きのう》でひらがなを入力《にゅうりょく》

携帯電話《けいたいでんわ》のメモ機能《きのう》を使《つか》ってひらがなを入力《にゅうりょく》する。「こなん」と入力《にゅうりょく》する場合《ばあい》は2のキーを5回《かい》、5を1回《かい》、0を3回《かい》おす。これを紙《かみ》に書《か》きとめよう。

② 数字《すうじ》の暗号文《あんごうぶん》を元《もと》の文字《もじ》にもどす

どのキーを何回《なんかい》おしたか書《か》きとめた紙《かみ》を友《とも》だちにわたす。友《とも》だちは、携帯電話《けいたいでんわ》のメモ機能《きのう》でその数字通《すうじどお》りキーをおすと、元《もと》の文字《もじ》を読《よ》むことができるよ。

FILE《ファイル》 9

米花《べいか》ふ頭《とう》へ急行《きゅうこう》せよ!!

少《すこ》しずつおたがいを認《みと》め合《あ》いながら、ついに手《て》を結《むす》んだライバル探偵《たんてい》たち。めざす目的《もくてき》はひとつ！　世界的《せかいてき》ピアニスト、坂本秀一《さかもとしゅういち》さんを救出《きゅうしゅつ》せよ!!

暗号《あんごう》を解《と》くカギが見《み》つかったぞ！

F9-1

ええっ!?
それはいったい？
そば
どん

※ふ頭《とう》……港《みなと》で船《ふね》をつけ、乗客《じょうきゃく》の乗《の》り降《お》りや貨物《かもつ》の積《つ》み下《お》ろしをするエリアのこと。波止場《はとば》とも言《い》うよ。

坂本《さかもと》さんが残《のこ》した楽譜《がくふ》の歌詞《かし》の最初《さいしょ》のフレーズ……
キミの歌
あそこには『楽器店《がっきてん》の前《まえ》で空《そら》を見上《みあ》げたとき』って書《か》いてあっただろ?
じゃあ、楽器店《がっきてん》の前《まえ》でどの方向《ほうこう》の空《そら》を見上《みあ》げるかっていうと——。
『赤《あか》から青《あお》に変《か》わったみたい』——。
つまり、信号機《しんごうき》があるモールの入《い》り口《ぐち》の方《ほう》だね。
で、実際《じっさい》にこの位置《いち》からモールの入《い》り口《ぐち》の方《ほう》を見上《みあ》げると——
米花ショ
モールの入《い》り口《ぐち》の看板《かんばん》と、喫茶店《きっさてん》『スタートップス』の看板《かんばん》が重《かさ》なって、あるキーワードが浮《う》かんでくるんだ。
スタートップス
COFFEE スタート
米花ショッピングモール

F9-2

花ショッピングモール
ス
あっ！『モール』と『ス』。それに信号機《しんごうき》……。
モールス信号《しんごう》か!!
そうすると、歌詞《かし》の最後《さいご》のフレーズの意味《いみ》も明《あき》らかになってくるだろ？
『まわりの音《おと》にまどわされないで、音符《おんぷ》の通《とお》りでいいさ』ね。
すると音階《おんかい》は無視《むし》して、音符《おんぷ》の長《なが》さだけを見《み》ればいいのかな？
なぁコナン。なんかさっぱり分《わ》からねぇんだけど。
F9-3
元太《げんた》と光彦《みつひこ》もモールス信号《しんごう》は知《し》ってるだろ？
なんとなくなら。
ぼくもです。
モールス信号《しんごう》は、米国《べいこく》のサミュエル・モールスが1837年《ねん》に開発《かいはつ》した通信方法《つうしんほうほう》なんだ。

アルファベットとかの文字《もじ》をこんなふうに『・《トン》』で表《あらわ》す短《みじか》い音《おと》と『ー《ツー》』で表《あらわ》す長《なが》い音《おと》の組《く》み合《あ》わせに置《お》きかえて——
Ⓐは トン ツー
Ⓑは ツー トン トン トン
Ⓒは ツー トン ツー トン
Ⓓは ツー トン トン
電鍵《でんけん》という装置《そうち》で信号《しんごう》を送《おく》ることで、はなれた所《ところ》にいる相手《あいて》と通信《つうしん》できるんだ。
でも今《いま》なら携帯電話《けいたいでんわ》とか、もっと手軽《てがる》な通信手段《つうしんしゅだん》がいっぱいありますよね？
確《たし》かにモールス信号《しんごう》はあまり使《つか》われなくなってきてるけど、
混信《こんしん》による影響《えいきょう》が少《すく》なく単純《たんじゅん》な音《おと》で識別《しきべつ》しやすいから、アマチュア無線《むせん》や漁業無線《ぎょぎょうむせん》として今《いま》も使《つか》われてるんだ。
この譜面《ふめん》では、四分音符《しぶおんぷ》（♩）が長点《ちょうてん》の『ー《ツー》』、八分音符《はちぶおんぷ》（♪）が短点《たんてん》の『・《トン》』。
休符《きゅうふ》（𝄾など）が文字《もじ》の区切《くぎ》りになってるみたいだな。

音符《おんぷ》の長《なが》さだけを書《か》きとめていくと、こんな感《かん》じになるんだけど……。
ちょっと見《み》せてくれる？
1行目《ぎょうめ》の『―・・・』《ツートントントン》はかな文字《もじ》だと『ハ』、アルファベットだと『B』《ビー》なんだけど、どっちかな。
F9-5
モールス信号《しんごう》が分《わ》かるんですか？
スゲーな、ちょっと見直《みなお》したぜ。
ああ、足《あし》をケガしたばかりのころ、ずっと家《いえ》にいてアマチュア無線《むせん》をやってたんですよ。
うーん、どうやらこのモールス信号《しんごう》はアルファベットに置《お》きかえるのが正解《せいかい》みたいですね。
1文字《もじ》ずつ書《か》いていってみましょう。
BEIKA

完成《かんせい》しましたよ！
BEIKA FUTOU DAI 3 SOUKO
BEIKA FUTOU……
『米花《べいか》ふ頭《とう》第《だい》3倉庫《そうこ》』か!!
ここから近《ちか》い！急《いそ》ぐぞ!!
米花ショッピングモー
おう！

バーーンッ
ここが第《だい》3倉庫《そうこ》か……。
よし、踏《ふ》み込《こ》むぞ。
!
おまえら、先《さき》に行《い》って調《しら》べててくれないか?
ん?
ちょっと気《き》になることがあるんだ。
お、おい。
ダッ
今《いま》、歩《ある》いてた男《おとこ》は黒《くろ》ずくめだった。
この事件《じけん》――黒《くろ》ずくめの組織《そしき》がからんでるのか!?

ザッ
あ……
あいつは……。
探偵《たんてい》オリンピックに出場《しゅつじょう》してたザ・ハードボイルドのメンバーじゃないか!?
シュボ
どうしてここに……。
コナンくーん!!
どうした、光彦《みつひこ》!?
コナンくん、
あそこです。

F9-8

バアンッ
くっ……。
!!
マーク!
くそっ、通《とお》れない。
ガッ
ガッ
いったいどうしてこんなことに……。
二手《ふたて》に分《わ》かれて倉庫《そうこ》の中《なか》を調《しら》べることにしたんですが……。
エレベーターは動《うご》くみたいだな。
ウィーン
ぼくらが上《うえ》へ行《い》く。キミたちは下《した》を。
――しばらくして鉄脇《てつわき》さんの声《こえ》に振《ふ》り向《む》いたらこんなことに……。
マーク!

F9-9

ふらん、来《き》てくれ！車《くるま》イスでは通《とお》れないんだ。
今《いま》、行《い》くわ。
元太《げんた》たちはエレベーターへ！おれは階段《かいだん》からだ。
ダッ
おれとしたことが……情《なさ》けないぜ。
ここから先《さき》は狭《せま》くて、車《くるま》イスではムリですね。
よし、おれが行《い》くよ。
こんなところにベルトコンベアーが……。
しかしこっちはただの壁《かべ》……。
なんのためにコンベアーが？

F9-10

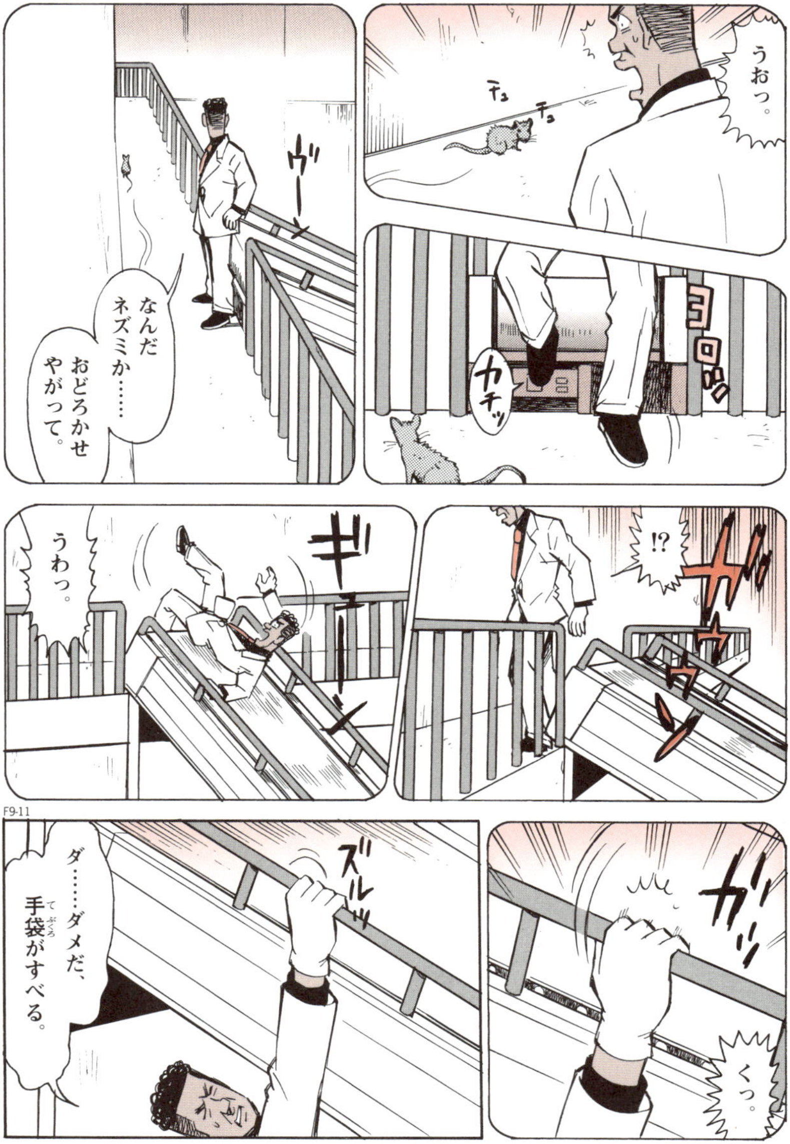

うおっ。
チュ
チュ
カチッ
ヨロッ
ヴーン
なんだネズミか……おどろかせやがって。
!?
ギューン
うわっ。
ガッ
くっ。
ズルッ
ダ……ダメだ、手袋《てぶくろ》がすべる。

ふらんが来《く》るまでつかまっていられそうもない……。
徹《とおる》……おれ、ダメかもしれないよ。
あきらめるな、マーク。
くそー、間《ま》に合《あ》ってくれ。
カン
カン
どうして工場《こうじょう》の電源《でんげん》が生《い》きてるんだ！
エレベーターを動《うご》かすのに、ブレーカーを上《あ》げる必要《ひつよう》が……。
すぐに人《ひと》を出《だ》せ！
はい。
楽観的《らっかんてき》かもしれませんが、
彼《かれ》らなら、自力《じりき》でなんとかするのでは？
さ、坂本《さかもと》さん……。

F9-12

コナンと実験！

めざせ！暗号《あんごう》マスター③

アルファベットを数字《すうじ》に、かな文字《もじ》五十音《ごじゅうおん》をイロハに置《お》きかえて暗号《あんごう》を作《つく》ろう！

①アルファベットを数字《すうじ》に置《お》きかえる

左《ひだり》ページの「アルファベットの暗号表《あんごうひょう》」は、アルファベットのAからZまでをすべて2ケタの数字《すうじ》に置《お》きかえた一覧表《いちらんひょう》だ。この表《ひょう》を見《み》ながら、アルファベットで書《か》いた文章《ぶんしょう》を数字《すうじ》に置《お》きかえてみよう。

例《たと》えば「科学大好《かがくだいす》き」という文章《ぶんしょう》をアルファベットで書《か》くと「kagakudaisuki」となる。この1文字目《もじめ》の「k」を数字《すうじ》に置《お》きかえると「11」。2文字目《もじめ》の「a」は「01」……というように、すべての文字《もじ》を数字《すうじ》に置《お》きかえていくと、「11010701112104010919211109」という数字《すうじ》の列《れつ》ができあがる。

これを書《か》きとめた紙《かみ》を受《う》け取《と》った人《ひと》は、一覧表《いちらんひょう》を見《み》ながら「数字《すうじ》→アルファベット→日本語《にほんご》」と逆《ぎゃく》にたどっていくと、もとの「科《か》学大好《がくだいす》き」という文章《ぶんしょう》を読《よ》み取《と》ることができるよ。

②五十音《ごじゅうおん》をイロハに置《お》きかえる

かな文字《もじ》はふつう五十《ごじゅう》音順《おんじゅん》だけど、イロハ歌《うた》に基《もと》づいた並《なら》べ方《かた》もある。イロハ歌《うた》というのは、すべてのかな文字《もじ》を使《つか》って作《つく》られた歌《うた》のことで、漢字《かんじ》まじりで書《か》くと、次《つぎ》のようになるよ。

色《いろ》はにほへど　散《ち》りぬるを
わが世《よ》たれぞ　常《つね》ならむ
有為《うゐ》の奥山《おくやま》　けふ越《こ》えて
浅《あさ》き夢見《ゆめみ》じ　酔《ゑ》ひもせず

左《ひだり》ページの表《ひょう》を見《み》ながら、五十音順《ごじゅうおんじゅん》とイロハ順《じゅん》の並《なら》び方《かた》のちがいを利用《りよう》して「毛利蘭《もうりらん》」という名前《なまえ》を暗号文《あんごうぶん》にしてみよう。1文《も》字目《じめ》の「も」がある五十《ごじゅう》音表《おんひょう》の位置《いち》を、イロハ表《ひょう》で見《み》ると「テ」の文字《もじ》がある。次《つぎ》の「う」の位置《いち》には「ハ」。このように、すべての文字《もじ》を置《お》きかえていくと、「もうりらん」は「テハシミン」となる。この暗号文《あんごうぶん》を受《う》け取《と》った人《ひと》は、逆《ぎゃく》の手順《てじゅん》を行《おこな》えば、もとの意味《いみ》を読《よ》み取《と》ることができるよ。

アルファベットの暗号表《あんごうひょう》

A＝01	H＝08	O＝15	V＝22
B＝02	I＝09	P＝16	W＝23
C＝03	J＝10	Q＝17	X＝24
D＝04	K＝11	R＝18	Y＝25
E＝05	L＝12	S＝19	Z＝26
F＝06	M＝13	T＝20	
G＝07	N＝14	U＝21	

五十音表《ごじゅうおんひょう》

わ	ら	や	ま	は	な	た	さ	か	あ
	り	ゐ	み	ひ	に	ち	し	き	い
を	る	ゆ	む	ふ	ぬ	つ	す	く	う
	れ	ゑ	め	へ	ね	て	せ	け	え
ん	ろ	よ	も	ほ	の	と	そ	こ	お

イロハ表《ひょう》

セ	ミ	ア	ケ	ノ	ナ	タ	ル	ヘ	イ
	シ	サ	フ	オ	ラ	レ	ヲ	ト	ロ
ス	ヱ	キ	コ	ク	ム	ソ	ワ	チ	ハ
	ヒ	ユ	エ	ヤ	ウ	ツ	カ	リ	ニ
ン	モ	メ	テ	マ	ヰ	ネ	ヨ	ヌ	ホ

モールス信号《しんごう》の仕組《しく》み

事件《じけん》を解《と》くカギとなったモールス信号《しんごう》について、もっとくわしく紹介《しょうかい》するよ！

モールス信号《しんごう》は、「トン」という音《おと》で表《あらわ》される短点《たんてん》（・）と、「ツー」という音《おと》で表《あらわ》される長点《ちょうてん》（ー）を組《く》み合《あ》わせて作《つく》った符号《ふごう》のこと。マンガの中《なか》でコナンが説明《せつめい》した通《とお》り、1837年《ねん》にアメリカのサミュエル・モールスという人《ひと》が発明《はつめい》したものだ。

当時《とうじ》はまだ電話《でんわ》がなかったので、人《ひと》びとの連絡手段《れんらくしゅだん》は手紙《てがみ》が中心《ちゅうしん》だった。でもモールスが符号《ふごう》と、符号《ふごう》をやり取《と》りする電信機《でんしんき》を発明《はつめい》したことで、人《ひと》びとは遠《とお》くの人《ひと》にも素早《すばや》く連絡《れんらく》を取《と》ることができるようになったんだよ。

モールス信号《しんごう》を送《おく》るには、「電鍵《でんけん》」という装置《そうち》を使《つか》う。手動式《しゅどうしき》の電鍵《でんけん》の場合《ばあい》は、短《みじか》くおすと「トン」、長《なが》くおすと「ツー」という信号《しんごう》が送《おく》られるんだ。符号《ふごう》の間《かん》かくは短点《たんてん》1つ分《ぶん》、長点《ちょうてん》の長《なが》さは短点《たんてん》の3倍《ばい》、文字《もじ》と文字《もじ》との間《かん》かくも短点《たんてん》の3倍《ばい》と決《き》められているよ。

左《ひだり》の表《ひょう》にもある通《とお》り、モールス信号《しんごう》にはアルファベット用《よう》の符号《ふごう》と、日本語《にほんご》のかな文字用《もじよう》の符号《ふごう》がある。だから、通信《つうしん》を始《はじ》める前《まえ》に、どちらの符号《ふごう》でやり取《と》りするかを決《き》めておかないと、「・ー（トンツー）」という信号《しんごう》を送《おく》った時《とき》、それが「A」と「イ」のどちらを表《あらわ》しているのか、信号《しんごう》を受《う》け取《と》った人《ひと》が分《わ》からなくなってしまうので注意《ちゅうい》しよう。

例《たと》えば、船《ふね》が遭難《そうなん》した時《とき》に送《おく》る信号《しんごう》として有名《ゆうめい》な「SOS」は、もちろんアルファベット用《よう》の符号《ふごう》を用《もち》いたものだ。モールス信号《しんごう》では「・・・ーーー・・・」という符号《ふごう》を送《おく》ることになるんだよ。

さあ、それでは166ページの探偵《たんてい》グッズの作《つく》り方《かた》を読《よ》んで、キミもモールス信号《しんごう》を送《おく》ってみよう！

モールス信号《しんごう》の符号表《ふごうひょう》

A	・ー	J	・ーーー	S	・・・	2	・・ーーー
B	ー・・・	K	ー・ー	T	ー	3	・・・ーー
C	ー・ー・	L	・ー・・	U	・・ー	4	・・・・ー
D	ー・・	M	ーー	V	・・・ー	5	・・・・・
E	・	N	ー・	W	・ーー	6	ー・・・・
F	・・ー・	O	ーーー	X	ー・・ー	7	ーー・・・
G	ーー・	P	・ーー・	Y	ー・ーー	8	ーーー・・
H	・・・・	Q	ーー・ー	Z	ーー・・	9	ーーーー・
I	・・	R	・ー・	1	・ーーーー	0	ーーーーー

イ	・ー	ヨ	ーー	ヤ	・ーー	ヱ	・ーー・・
ロ	・ー・ー	タ	ー・	マ	ー・・ー	ヒ	ーー・・ー
ハ	ー・・・	レ	ーーー	ケ	ー・ーー	モ	ー・・ー・
ニ	ー・ー・	ソ	ーーー・	フ	ーー・・	セ	・ーーー・
ホ	ー・・	ツ	・ーー・	コ	ーーーー	ス	ーーー・ー
ヘ	・	ネ	ーー・ー	エ	ー・ーーー	ン	・ー・ー・
ト	・・ー・・	ナ	・ー・	テ	・ー・ーー		
チ	・・ー・	ラ	・・・	ア	ーー・ーー	゛(だく点)	・・
リ	ーー・	ム	ー	サ	ー・ー・ー		
ヌ	・・・・	ウ	・・ー	キ	ー・ー・・	゜(半だく点)	・・ーー
ル	ー・ーー・	ヰ	・ー・・ー	ユ	ー・・ーー		
ヲ	・ーーー	ノ	・・ーー	メ	ー・・・ー	ー(長音)	・ーー・ー
ワ	ー・ー	オ	・ー・・・	ミ	・・ー・ー		
カ	・ー・・	ク	・・・ー	シ	ーー・ー・	、(区切点)	・ー・ー・ー

キミも実験《じっけん》！

探偵《たんてい》グッズで友《とも》だちに「SOS」！

太陽電池《たいようでんち》を使《つか》った探偵《たんてい》グッズで、モールス信号《しんごう》を送《おく》ってみよう！

用意《ようい》するもの

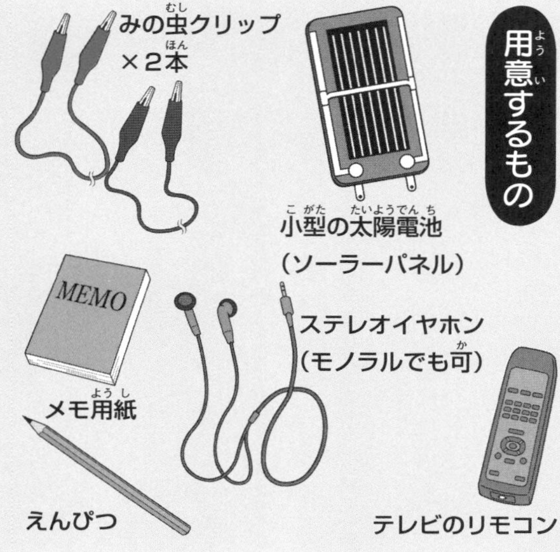
みの虫《むし》クリップ
×2本《ほん》
小型《こがた》の太陽電池《たいようでんち》
（ソーラーパネル）
MEMO
メモ用紙《ようし》
ステレオイヤホン
（モノラルでも可《か》）
えんぴつ
テレビのリモコン

① 太陽電池《たいようでんち》を手《て》に入《い》れよう

太陽電池《たいようでんち》は、ふつうの電《でん》器店《きてん》ではあまり見《み》かけないけれど、通販《つうはん》なら手《て》に入《い》れやすい。実験《じっけん》教材用《きょうざいよう》の小《こ》型《がた》のものなら、数百円《すうひゃくえん》から1000円《えん》くらいだよ。

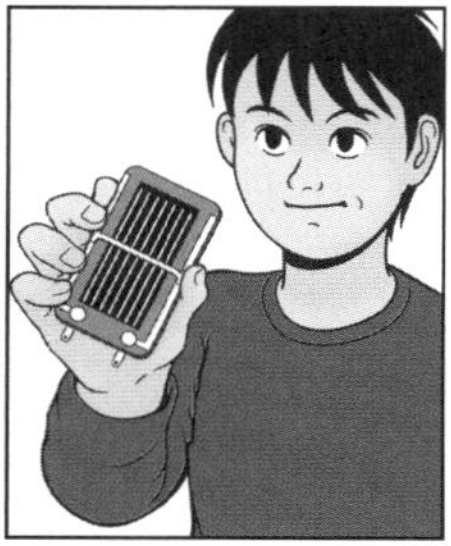

② 太陽電池《たいようでんち》にクリップをつける

太陽電池《たいようでんち》には、プラス（＋）とマイナス（－）の電極《でんきょく》がついている。みの虫《むし》クリップを用意《ようい》して、それぞれの電極《でんきょく》に1本《ぽん》ずつ取《と》りつけよう。

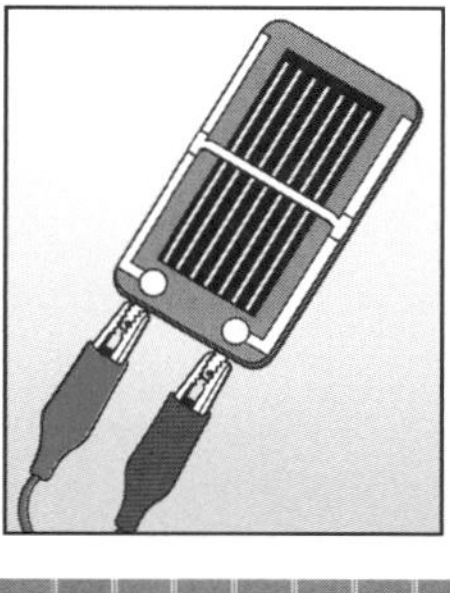

※電卓から取り外した太陽電池を使った場合など、電池の種類により実験がうまくいかないことがあります。

③イヤホンのプラグとつなぐ

みの虫《むし》クリップのもう一《いっ》方《ぽう》のはしを、イヤホンのプラグに取《と》りつける。図《ず》のように、片方《かたほう》はプラグの先《さき》に、もう片方《かたほう》は根元《ねもと》に取《と》りつけよう。プラスとマイナスはどちらでもOKだよ。

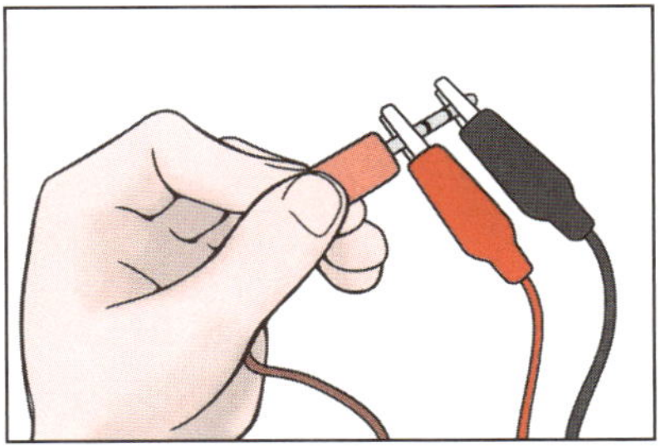

④受信《じゅしん》できるか確《たし》かめる

リモコンのボタンをおすと送信部《そうしんぶ》から赤外線《せきがいせん》が出《で》る。それを太陽電池《たいようでんち》のパネルで受《う》けて、イヤホンからピッという音《おと》が聞《き》こえたらOK。どこまではなれて通《つう》信《しん》できるか確《たし》かめよう。

⑤モールス信号《しんごう》を送《おく》ってみよう

送《おく》る側《がわ》の人《ひと》は、165ページの表《ひょう》を見《み》ながら、送《そう》信《しん》する言葉《ことば》をモールス信号《しんごう》に置《お》きかえたメモを書《か》いておく。そのメモを見《み》ながら、リモコンのボタンを長《なが》く、あるいは短《みじか》くおそう。

⑥受信《じゅしん》した信号《しんごう》を解読《かいどく》する

受《う》ける側《がわ》の人《ひと》は、受信《じゅしん》した音《おと》の長《なが》さにしたがい「－」「・」の記号《きごう》で紙《かみ》に書《か》きとめていく。最後《さいご》に、紙《かみ》と165ページの表《ひょう》を照《て》らし合《あ》わせて、受信《じゅしん》したモールス信号《しんごう》を解読《かいどく》しよう。

※屋内で実験する際、蛍光灯がついていると雑音が入る場合があります。

FILE《ファイル》 10

ゆうかい事件《じけん》の真相《しんそう》

小学生探偵《しょうがくせいたんてい》たちをおそった絶体絶命《ぜったいぜつめい》の危機《きき》!! はたしてコナンは、仲間《なかま》の命《いのち》を救《すく》うことができるのか!? そして、ゆうかい事件《じけん》の裏《うら》に隠《かく》された真相《しんそう》とは!?

F10-1

く……くう。
まずい！
あの様子《ようす》だと
そろそろ限界《げんかい》だ。
カンカン
カン
どうしましょう、
これじゃ
間《ま》に合《あ》いませんよ。
リーダー、
あなたしか
いないの！
マークを
助《たす》けてあげて。

し……しかし、
車《くるま》イスが……。
ガッ
ガッ
リーダー……
いえ……
鉄脇《てつわき》徹《とおる》くん!
男《おとこ》の子《こ》でしょ!車《くるま》イスから立《た》ち上《あ》がりなさい!!
でも、鉄脇《てつわき》さんは足《あし》が……。
いいえ!徹《とおる》くん、あなたの足《あし》はもう直《なお》っているのよ!!
……。

F10-3

ただ、事故《じこ》の時《とき》の精神的《せいしんてき》ショックで立《た》てないだけなの！
あなたのご両親《りょうしん》はもちろん、私《わたし》とマークも——
あなたの心《こころ》のキズがいえる日《ひ》をずっと待《ま》っていたのよ！
お願《ねが》い……勇気《ゆうき》を出《だ》して立《た》ち上《あ》がって!!
F10-4
ふらん……。
見《み》てろ!!
くう。
グググ

F10-5

F10-6

せーのっ！
ドサッ
ふー、やれやれ。
気《き》をつけてくれよ、マーク。
ああ、おかげで命《いのち》びろいしたぜ。
ガキんちょどももありがとな。
いえ、どういたしまして。
これで一件落着《いっけんらくちゃく》だな。
いや、事件《じけん》はまだ終《お》わっちゃいねーぞ。

F10-7

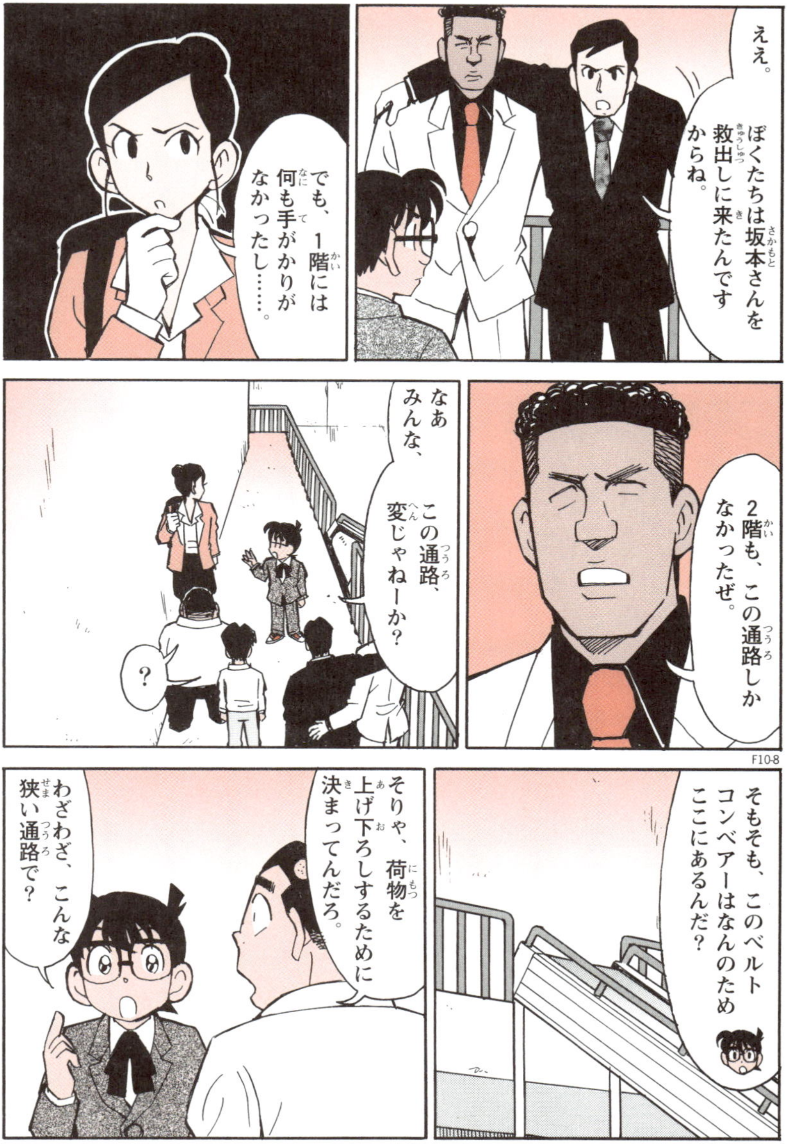
ええ。
ぼくたちは坂本《さかもと》さんを救出《きゅうしゅつ》しに来《き》たんですからね。
でも、1階《かい》には何《なに》も手《て》がかりがなかったし……。
2階《かい》も、この通路《つうろ》しかなかったぜ。
なあみんな、この通路《つうろ》、変《へん》じゃねーか？
？
そもそも、このベルトコンベアーはなんのためここにあるんだ？
そりゃ、荷物《にもつ》を上《あ》げ下《お》ろしするために決《き》まってんだろ。
わざわざ、こんな狭《せま》い通路《つうろ》で？

F10-8

言《い》われてみれば……。
こんな狭《せま》い通路《つうろ》で、荷物《にもつ》の上《あ》げ下《お》ろしはできませんね。
そもそも、荷物《にもつ》を積《つ》んでおく広《ひろ》い倉庫《そうこ》が必要《ひつよう》なはずだよな。
よし、通路《つうろ》の壁《かべ》をチェックしよう。
了解《りょうかい》!
コッ
コッ
こっちの広《ひろ》い通路《つうろ》の壁《かべ》は、かなり固《かた》いわ。
ボス
ボス
ところが、こっちの壁《かべ》は……。

F10-9

薄《うす》い石《せっ》こうの板《いた》かなんかで作《つく》った見《み》せかけの壁《かべ》だ。
このダミーの壁《かべ》があるせいで、ここだけ通路《つうろ》が狭《せま》くなってたんですね。
見《み》ろよ、壁《かべ》に穴《あな》が開《あ》いてるぜ。
さっきのネズミもきっとここから出《で》てきたんだな。
たぶん、この向《む》こうには広《ひろ》い倉庫《そうこ》が隠《かく》されているはず……。
よーし！おれの出番《でばん》だ。
……こんな薄《うす》い壁《かべ》見《み》てろ!!
ダッ
バキイッ

F10-10

ボコッ
ガラガラ
穴《あな》が開《あ》いたぞ。
薄暗《うすぐら》いし、ほこりが舞《ま》ってて、
何《なに》も見《み》えませんね。
気《き》をつけて！
ゆうかい犯《はん》の一味《いちみ》がまだひそんでいるかもしれまんからね。
あっ、だれかいるわ。
キ……キミたちはだれだ!?
坂本《さかもと》さん！
私《わたし》たちは探偵《たんてい》オリンピックの出場者《しゅつじょうしゃ》です。
あなたを救出《きゅうしゅつ》しに来《き》ました。

F10-11

今《いま》、目隠《めかく》しとロープをはずしてやるからな。
ちょっと待《ま》て!
坂本《さかもと》さん……
いいかげんヘタな芝居《しばい》はやめませんか?
あなたはなぜ、ぼくたちをここへおびき寄《よ》せたんですか?
コナンくん、どういうこと?
坂本《さかもと》さんは被害者《ひがいしゃ》じゃないどころか、もしかすると事件《じけん》の真犯人《しんはんにん》かもしれないってことさ。
そもそも突然《とつぜん》、楽屋《がくや》に来《き》た男《おとこ》たちに連《つ》れ去《さ》られたのに、なぜ暗号文《あんごうぶん》を書《か》くよゆうがあったのか?
キミの歌
しかも、
その暗号文《あんごうぶん》にはこの倉庫《そうこ》のことが書《か》かれていた……。

坂本《さかもと》さんは、自分《じぶん》が連《つ》れて行《い》かれる場所《ばしょ》を知《し》ってたわけね。
あるいは、自分《じぶん》からここに来《き》たか——だね。
しかもさっき——倉庫《そうこ》の外《そと》でザ・ハードボイルドのメンバーを見《み》かけたんだけど……
偶然《ぐうぜん》にしちゃできすぎてるだろ？
オリンピック出場者《しゅつじょうしゃ》もグルってことですか？
もー、わけが分《わ》かんねーよ。
パサッ
ふふふ。
スッ
キミたちの様子《ようす》はモニターでチェックさせてもらいました。
まだ小学生《しょうがくせい》なのにさすが名探偵《めいたんてい》！
初代《しょだい》チャンピオンの座《ざ》にふさわしい6人《にん》ですね。
？
チャンピオン⁉
F10-13

パチパチ
パチ
パチパチ
うわっ、まぶしい。
!?
おめでとう！
第《だい》1回《かい》アマチュア探偵《たんてい》オリンピックの優勝《ゆうしょう》チームが決定《けってい》しました。
ダミーの壁《かべ》に隠《かく》されたこの倉庫《そうこ》が実《じつ》は第《だい》2会場《かいじょう》でな。
坂本《さかもと》さんを探《さが》し出《だ》すことが、優勝《ゆうしょう》チームを決《き》める最後《さいご》の問題《もんだい》だったんです。
キミたちは力《ちから》を合《あ》わせて、見事《みごと》ここにたどり着《つ》いた。
だから2チームとも優勝《ゆうしょう》だ。
キミたち全員《ぜんいん》が初代《しょだい》チャンピオンだよ。
やったな、光彦《みつひこ》。
うそみたいですね。

F10-14

あ〜あ、こんな子《こ》どもだましのトリックに引《ひ》っかかっちまうなんて……。
いや、ぼくは出場《しゅつじょう》した甲斐《かい》がありましたよ。キミたちと出会《であ》えましたからね。
これからも良《よ》きライバルとして、
おたがいがんばりましょう。
ガシッ
うん、よろしく。
それにしても博士《はかせ》……小学生《しょうがくせい》にあんな危《あぶ》ないマネさせて、どーいうつもりだよ。
すまんすまん。
じゃがいざという時《とき》のため、車《くるま》のエアバッグにヒントを得《え》て発明《はつめい》した救急《きゅうきゅう》クッションを用意《ようい》していたから——
ボワーンッ
もしマークくんが落《お》ちてもケガせんようになっておったんじゃよ。

0-15

外《そと》に出《で》ていた出場者《しゅつじょうしゃ》の姿《すがた》をおぬしに見《み》られてしまうなどアクシデントはあったが、
何《なに》はともあれ初代《しょだい》チャンピオンになれたのじゃから、もっと喜《よろこ》んだらどうじゃ？
なんだかな〜。
それでは最後《さいご》に、坂本秀一《さかもとしゅういち》さんの演奏《えんそう》をお楽《たの》しみください。
ワァ
エエッ、まさかあの暗号文《あんごうぶん》の楽譜《がくふ》の曲《きょく》じゃ!?
あんなヒドイ曲《きょく》を聴《き》くのはもうかんべんです。
F10-16
いくらなんでもそんなわきゃねーだろ。
だってよ〜。
パラン♪
ポロロン♫
しっ、演奏《えんそう》が始《はじ》まるわ。

聞《き》き耳《みみ》を立《た》てて謎《なぞ》を探《さぐ》れ！

ダミーの壁《かべ》を発見《はっけん》したコナンたちのように、キミも音《おと》を観察《かんさつ》してみよう！

用意《ようい》するもの

炭酸飲料《たんさんいんりょう》が入《はい》っていた空《から》のペットボトル（500 mℓ）

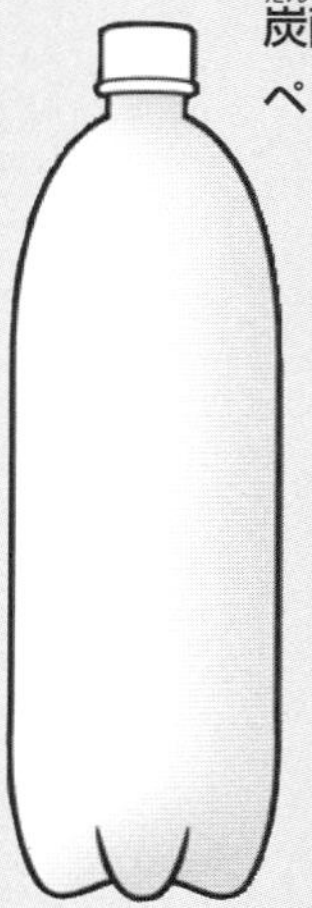

炭酸飲料用《たんさんいんりょうよう》のポンプ式《しき》ペットボトルキャップ

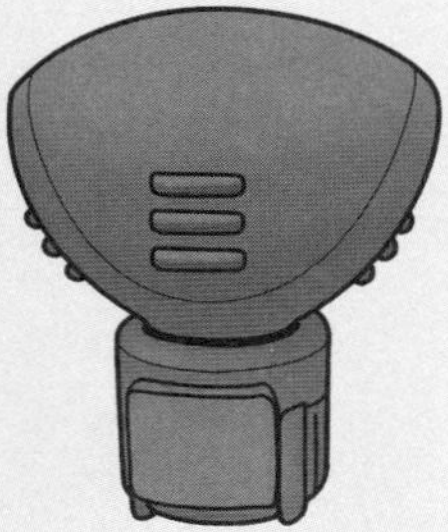

① ペットボトルにキャップをつける

ペットボトルのふたをはずし、別《べつ》に用意《ようい》したポンプ式《しき》のペットボトルキャップを取《と》りつける。この状態《じょうたい》でペットボトルを指《ゆび》ではじき、音《おと》を確認《かくにん》しよう。

② 空気《くうき》を入《い》れて音《おと》の変化《へんか》を確認《かくにん》

キャップのポンプを何度《なんど》かおして、ペットボトルに空気《くうき》を入《い》れてから指《ゆび》ではじくと、高《たか》い音《おと》になる。空気《くうき》の量《りょう》は見《み》えなくても、音《おと》でちがいが分《わ》かるんだ。

③"打診《だしん》"のやり方《かた》の説明《せつめい》

お医者《いしゃ》さんが体《からだ》の表面《ひょうめん》を指《ゆび》でたたき、その音《おと》で内臓《ないぞう》の様子《ようす》を知《し》る技術《ぎじゅつ》を打診《だしん》という。右利《みぎき》きの場合《ばあい》、左手《ひだりて》中指《なかゆび》・第二関節《だいにかんせつ》の内側《うちがわ》の骨《ほね》を当《あ》て、その骨《ほね》の外側《そとがわ》を右《みぎ》手中指《てなかゆび》の先《さき》でたたくんだ。

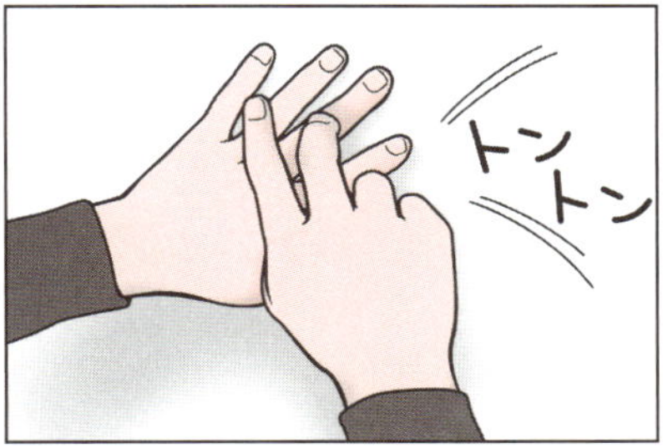

④壁《かべ》を打診《だしん》して音《おと》を聞《き》こう

ペットボトルの次《つぎ》は、壁《かべ》を打診《だしん》して、コナンたちと同《おな》じように壁《かべ》の中《なか》の様子《ようす》を探《さぐ》ってみよう。壁《かべ》に手《て》を当《あ》て、軽《かる》くたたくと、壁《かべ》の厚《あつ》い所《ところ》とうすい所《ところ》で異《こと》なる音《おと》が聞《き》こえてくるよ。

音《おと》の反射《はんしゃ》を用《もち》いたいろいろな検査《けんさ》

体《からだ》の中《なか》の内臓《ないぞう》の様子《ようす》を、お医者《いしゃ》さんが打診《だしん》で探《さぐ》るように、音《おと》の反射《はんしゃ》を用《もち》いた検《けん》査《さ》は、直接目《ちょくせつめ》で見《み》ることができない場所《ばしょ》を調《しら》べる時《とき》に用《もち》いられることが多《おお》い。

例《たと》えば、ジェットコースターの車輪《しゃりん》と車輪《しゃりん》をつなぐ金属製《きんぞくせい》の車《しゃ》じくの検査《けんさ》は、車《しゃ》じくをハンマーでたたき、はね返《かえ》ってきた音《おと》を聞《き》く方法《ほうほう》で行《おこな》われている。表《ひょう》面《めん》を見《み》ただけでは分《わ》からない内部《ないぶ》のひび割《わ》れなどを、音《おと》から判断《はんだん》しているんだ。

そのほか、音《おと》を聞《き》く代《か》わりに、音《おと》を目《め》で見《み》える映像《えいぞう》に変《か》える装置《そうち》もある。例《たと》えば魚群探知器《ぎょぐんたんちき》は、船《ふね》の上《うえ》から音《おと》を出《だ》し、はね返《かえ》ってきた音《おと》を分析《ぶんせき》して、海《うみ》の中《なか》の様子《ようす》を左《ひだり》の図《ず》のような映像《えいぞう》として映《うつ》し出《だ》すんだ。また、病院《びょういん》にある音《おと》を使《つか》った検《けん》査装置《さそうち》は、かん臓《ぞう》などの様《よう》子《す》を映像《えいぞう》で見《み》て、いろいろな病気《びょうき》を発見《はっけん》することに役《やく》立《だ》てられているよ。

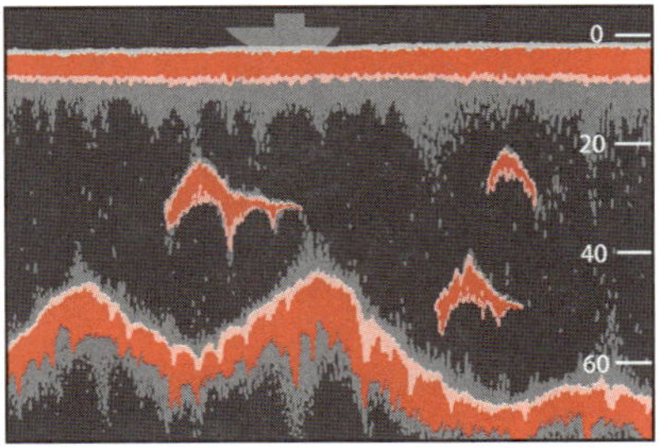

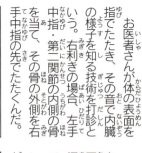

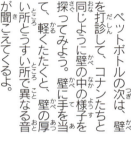

ババ
ン
ワー
ワー
ワー
3組目《くみめ》は、小学生《しょうがくせい》ながら大健闘《だいけんとう》！小若小学校《こじゃくしょうがっこう》の少年科学《しょうねんかがく》探偵団《たんていだん》！

めざせ！
名探偵《めいたんてい》

物語《ものがたり》に登場《とうじょう》した探偵《たんてい》たち

探偵《たんてい》オリンピック出場《しゅつじょう》メンバーがコスチュームを着《き》てなりきっていた、世界《せかい》の名探偵《めいたんてい》たちを紹介《しょうかい》するよ！

少年科学探偵団《しょうねんかがくたんていだん》がなりきっていたのは――鬼警部《おにけいぶ》アイアンサイド

この3人《にん》が扮装《ふんそう》していたのは、今《いま》から37年《ねん》前《まえ》にアメリカで作《つく》られたテレビドラマ『鬼警部《おにけいぶ》アイアンサイド』の登場人物《とうじょうじんぶつ》だ。主人公《しゅじんこう》アイアンサイドは、サンフランシスコ市警《しけい》察《さつ》の刑事部長《けいじぶちょう》だったが、犯《はん》罪者《ざいしゃ》から銃《じゅう》でうたれ、車《くるま》イスが必要《ひつよう》な体《からだ》となってしまった。しかし、署長《しょちょう》の厚《こう》意《い》から嘱託警部《しょくたくけいぶ》という肩書《かたが》きと3人《にん》の部下《ぶか》をあたえられ、その後《ご》も、憎《にく》むべき犯《はん》罪《ざい》にいどんでいくんだ。鉄脇徹《てつわきとおる》は、もちろんアイアンサイド役《やく》。そしてマークとふらんは、アイアンサイドを支《ささ》える3人《にん》の部下《ぶか》のうち婦人警官《ふじんけいかん》のフランと、弁護士《べんごし》を志《こころざ》す黒人青年《こくじんせいねん》マークに扮装《ふんそう》していたんだよ。

硬派な探偵小説が好きなこの3人《にん》が扮装《ふんそう》していたのは、本場《ほんば》アメリカを代表《だいひょう》する3人《にん》のハードボイルド探偵《たんてい》だ。

右側《みぎがわ》の男性《だんせい》が扮装《ふんそう》したディック・トレイシーは、1931年《ねん》に誕生《たんじょう》して以来《いらい》、今《いま》もアメリカでは200以上《いじょう》の新聞《しんぶん》で連《れん》さいが続《つづ》いている人気《にんき》コミックの主人公《しゅじんこう》。ギャングが悪事《あくじ》を働《はたら》く犯罪都市《はんざいとし》を舞台《ぶたい》に、正義《せいぎ》を守《まも》るトレイシー刑事《けいじ》の活躍《かつやく》が描《えが》かれている。1990年《ねん》には実写版《じっしゃばん》で映《えい》画《が》化もされたよ。

中央《ちゅうおう》の男性《だんせい》が扮装《ふんそう》したのは、アメリカの推理作家《すいりさっか》レイモンド・チャンドラーが生《う》み出《だ》したロサンゼルスの私立探偵、フィリップ・マーロウ。コナン・ドイルのシャーロック・ホームズと並《なら》んで、世界的《せかいてき》に有名《ゆうめい》な探《たん》偵《てい》の一人《ひとり》なんだ。「タフでなければ生《い》きて行《い》けない。優《やさ》しくなければ生《い》きている資格《しかく》がない」というマーロウの言葉《ことば》は、ハードボイルド小説《しょうせつ》のイメージを決定《けってい》づけた名《めい》セリフということができるだろう。

そして、左側《ひだりがわ》の男性《だんせい》が扮《ふん》装《そう》していたのは、アメリカの推理作家《すいりさっか》ミッキー・スピレインが生《う》み出《だ》したニューヨークの私立探偵《しりつたんてい》、マイク・ハマー。ちょっと乱暴《らんぼう》な大《おお》男《おとこ》で、事件《じけん》を解決《かいけつ》するためには手段《しゅだん》を選《えら》ばない、戦《たたか》う私立探偵《しりつたんてい》なんだ。

ワールド探偵《たんてい》クラブがなりきっていたのは——
ミス・マープル（右《みぎ》）
エルキュール・ポワロ（中《なか》）
ブラウン神父《しんぷ》（左《ひだり》）

ちょっと年配《ねんぱい》のワールド探偵《たんてい》クラブが扮装《ふんそう》していたのは、肉体派《にくたいは》のハードボイルド探偵《たんてい》とは対《たい》照的《しょうてき》な知性派《ちせいは》の探偵《たんてい》たち。

右側《みぎがわ》の女性《じょせい》のコスチュームは、「ミステリーの女王《じょおう》」といわれたイギリスの推理《すいり》作家《さっか》アガサ・クリスティーが生《う》み出《だ》したおばあさん探《たん》偵《てい》、ミス・ジェーン・マープルの服装《ふくそう》だ。ミス・マープルは、編《あ》み物《もの》が得意《とくい》なやさしいおばあさんだけど、警察《けいさつ》でも解決《かいけつ》できなかった難事件《なんじけん》をつぎつぎと解明《かいめい》する名探偵《めいたんてい》なんだよ。

中央《ちゅうおう》の男性《だんせい》のコスチュームは、これもアガサ・クリスティーが生《う》み出《だ》した名探《めいたん》偵《てい》、エルキュール・ポワロの服装《ふくそう》。ポワロもホームズと並《なら》ぶ世界的《せかいてき》に有名《ゆうめい》な探偵《たんてい》で、「灰色《はいいろ》の脳細胞《のうさいぼう》」をフル回転《かいてん》させて事件《じけん》を解決《かいけつ》する。ヨーロッパの長距離列《ちょうきょりれっ》車《しゃ》を舞台《ぶたい》にした物語《ものがたり》『オリエント急行《きゅうこう》の殺人事件《さつじんじけん》』など、映画化《えいがか》された作品《さくひん》も多《おお》いんだ。

最後《さいご》に、左側《ひだりがわ》の男性《だんせい》のコスチュームは、イギリスの推理作家《すいりさっか》G・K・チェスタトンが生《う》んだアマチュア探《たん》偵《てい》、J・ブラウン神父《しんぷ》の服《ふく》装《そう》。ふだんは貧《まず》しい神父《しんぷ》さんだけど、事件《じけん》が起《お》きると、するどい直感《ちょっかん》でたちどころに事件《じけん》の謎解《なぞと》きをしてみせる。ただ、神父《しんぷ》さんらしく、時《とき》には犯人《はんにん》を見逃《みのが》してあげることもあるんだ。

この3人組は「時代劇チーム」。銭形平次《ぜにがたへいじ》は野村胡堂《のむらこどう》の時代小説《じだいしょうせつ》『銭形平次《ぜにがたへいじ》捕物《とりもの》控《ひかえ》』の主人公《しゅじんこう》で、江戸時《えどじ》代《だい》の探偵《たんてい》だ（「目明《めあ》かし」というよ）。四文銭《よんもんせん》を手裏剣《しゅりけん》のように投《な》げる得意技《とくいわざ》が有名《ゆうめい》だね。

長谷川平蔵《はせがわへいぞう》は、強盗犯《ごうとうはん》などを取《と》りしまる「火付《ひつけ》盗賊改方《とうぞくあらためかた》」で、江戸時代《えどじだい》に本当《ほんとう》にいた人物《じんぶつ》。この人《ひと》をモデルにした池波正太郎《いけなみしょうたろう》の時代小説《じだいしょうせつ》『鬼平犯科帳《おにへいはんかちょう》』が有名《ゆうめい》だよ。

桜吹雪《さくらふぶき》の彫《ほ》り物《もの》で有名《ゆうめい》な「遠山《とおやま》の金《きん》さん」も、やはり実際《じっさい》にいた遠山金《とおやまきん》四郎景元《しろうかげもと》という人《ひと》をモデルとしている。江戸《えど》の「町奉行《まちぶぎょう》」という、今《いま》なら警察署長《けいさつしょちょう》のような、とてもえらい人《ひと》だったんだ。

この3人《にん》がなりきっていたのは——

銭形平次《ぜにがたへいじ》（右《みぎ》）
長谷川平蔵《はせがわへいぞう》（中《なか》）
遠山金四郎《とおやまきんしろう》（左《ひだり》）

銭形平次《ぜにがたへいじ》、鬼平《おにへい》に金《きん》さん……あいつらはさしずめ、時代劇《じだいげき》チームってとこか。

この3人《にん》の扮装《ふんそう》は人気《にんき》ドラマの主人公《しゅじんこう》たちだ。

『刑事《けいじ》コロンボ』は、アメリカで主《おも》に1970年代《ねんだい》に製作《せいさく》された作品《さくひん》。俳優《はいゆう》のピーター・フォークが演《えん》じるさえない刑事《けいじ》が、見《み》た目《め》とは裏腹《うらはら》な、するどい推理《すいり》で犯人《はんにん》を追《お》いつめていくよ。

となりの『刑事《けいじ》コジャック』も、アメリカで1970年《ねん》代《だい》に製作《せいさく》された作品《さくひん》。頭《あたま》をそり上《あ》げた個性派俳優《こせいははいゆう》、テリー・サバラスが主役《しゅやく》を演《えん》じ、本格派《ほんかくは》の刑事《けいじ》ドラマとして人気《にんき》を博《はく》した。

都会派《とかいは》の私立探偵《しりつたんてい》、工《く》藤俊作《どうしゅんさく》を主人公《しゅじんこう》にしたドラマ『探偵物語《たんていものがたり》』は、今《いま》は亡《な》き俳優《はいゆう》・松田優作《まつだゆうさく》の代表作《だいひょうさく》として有名《ゆうめい》だよ。

テレビや小説《しょうせつ》の名探偵《めいたんてい》が大集合《だいしゅうごう》って感《かん》じね。
まったく……だれのアイディアなんだか。

この3人《にん》がなりきっていたのは——

刑事《けいじ》コロンボ（手前右《てまえみぎ》）
刑事《けいじ》コジャック（手前左《てまえひだり》）
工藤俊作《くどうしゅんさく》（奥中央《おくちゅうおう》）

習《しゅう》まんがシリーズ

大人気《だいにんき》 発売中《はつばいちゅう》！

名探偵《めいたんてい》コナン 実験《じっけん》・観察《かんさつ》ファイル サイエンスコナン

元素《げんそ》の不思議《ふしぎ》

ISBN978-4-09-296634-5

防災《ぼうさい》の不思議《ふしぎ》

ISBN978-4-09-296635-2

科学《かがく》の不思議《ふしぎ》を、コナンと一緒《いっしょ》に徹底解明《てっていかいめい》しよう！

宇宙《うちゅう》と重力《じゅうりょく》の不思議《ふしぎ》

ISBN4-09-296105-7

名探偵《めいたんてい》の不思議《ふしぎ》

ISBN978-4-09-296114-2

解明《かいめい》！ 身《み》のまわりの不思議《ふしぎ》

ISBN978-4-09-286166-1

忍者《にんじゃ》の不思議《ふしぎ》

ISBN4-09-296629-1

七変化《しちへんげ》する水《みず》の不思議《ふしぎ》

ISBN978-4-09-296111-1

食《た》べ物《もの》の不思議《ふしぎ》

ISBN4-09-296113-8

レンズの不思議《ふしぎ》

ISBN4-09-296104-9

磁石《じしゃく》の不思議《ふしぎ》

ISBN4-09-296103-0

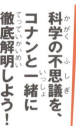

楽《たの》しく読《よ》めて、
勉強《べんきょう》に役立《やくだ》つ——。

名探偵《めいたんてい》コナン

名探偵《めいたんてい》コナン　理科《りか》ファイル

教科書《きょうかしょ》よりわかりやすい。
学校《がっこう》で習《なら》う理科《りか》が
もっと大好《だいす》きになる！

太陽《たいよう》と月《つき》の秘密《ひみつ》
ISBN978-4-09-296187-6

星《ほし》と星座《せいざ》の秘密《ひみつ》
ISBN978-4-09-296184-5

ものと燃焼《ねんしょう》の秘密《ひみつ》
ISBN978-4-09-296190-6

天気《てんき》の秘密《ひみつ》
ISBN978-4-09-296183-8

動物《どうぶつ》の秘密《ひみつ》
ISBN978-4-09-296186-9

植物《しょくぶつ》の秘密《ひみつ》
ISBN978-4-09-296181-4

昆虫《こんちゅう》の秘密《ひみつ》
ISBN978-4-09-296182-1

デジカメで自由研究《じゆうけんきゅう》！
ISBN978-4-09-296185-2

空気《くうき》と水《みず》の秘密《ひみつ》
ISBN978-4-09-296191-3

力《ちから》と動《うご》きの秘密《ひみつ》
ISBN978-4-09-296189-0

人《ひと》のからだの秘密《ひみつ》
ISBN978-4-09-296188-3

staff

■原作／青山剛昌
■監修／ガリレオ工房
■まんが／金井正幸
■構成／松阿彌靖
■実験イラスト／加藤貴夫
■ＤＴＰ／江戸製版印刷株式会社
■デザイン／竹歳明弘（STUDIO BEAT）
■編集協力／新村徳之（DAN）

■編集／藤田健彦

小学館学習まんがシリーズ
名探偵コナン実験・観察ファイル
サイエンスコナン 名探偵の不思議

2007年12月25日 初版第1刷発行
2022年 3月 6日 第12刷発行

発行者 野村敦司
発行所 株式会社 小学館
〒101-8001
東京都千代田区一ツ橋2-3-1
電話 編集／03(3230)5632
販売／03(5281)3555

印刷所 図書印刷株式会社
製本所 共同製本株式会社

ISBN 978-4-09-296114-2 Shogakukan,Inc.